カナダ
アメリカ合衆国《がっしゅうこく》
ペルー
ブラジル

ユニバーサルデザイン〈第2期〉

つながる・ささえあう社会へ

1

多《た》様《よう》性《せい》を大切にするユニバーサルデザイン

監修

ビデオジャーナリスト

神保哲生

あかね書房

はじめに

ユニバーサルデザインとはちがいを認《みと》め、わかちあうこと

みなさんは「ユニバーサルデザイン」ということばを知っていますか。

これはみなさんが日常《にちじょう》使っている製品《せいひん》や建物《たてもの》などを、すべての人にとってできる限《かぎ》り利用《りよう》しやすいデザインにすることをめざす考え方のことです。「すべての人に」を英語《えいご》で「ユニバーサル（universal）」ということから、そうよばれています。

もともとはアメリカの建築家《けんちくか》が身体の不自由《ふじゆう》な人にも住みやすい家を設計《せっけい》するために採用《さいよう》した考え方でしたが、今日では人種《じんしゅ》、性別《せいべつ》、国籍《こくせき》、文化、年れい、身体や心の能力《のうりょく》や状態《じょうたい》といったさまざまな特性《とくせい》やちがいをこえて、この地球上に住むすべての人びとが生きやすい社会環境《かんきょう》をつくっていくという広い意味で使われています。

今、世界には196の国があり、およそ70億《おく》人の人が生きています。その中には貧困《ひんこん》にあえぐ国もあれば、豊《ゆた》かさゆえにさまざまなむずかしい問題をかかえている国もあります。人種《じんしゅ》も宗教《しゅうきょう》もさまざまで、人種間《じんしゅかん》や宗教間《しゅうきょうかん》の争《あらそ》いも絶《た》えません。また、多くの国が豊《ゆた》かになった結果《けっか》、環境破壊《かんきょうはかい》は進み、人類《じんるい》が出す二酸化炭素《にさんかたんそ》による地球温暖化《おんだんか》のために、100年後には地球上に人が住めなくなる可能性《かのうせい》すら指《し》摘《てき》されています。

そのように困難《こんなん》な時代ですが、人類《じんるい》はこれまでも多くの問題を乗りこえてきました。きっと今日のさまざまな問題も克服《こくふく》できると信《しん》じます。しかし、それを実《じつ》現《げん》するためにはどうしても避《さ》けて通れない大切な価値《かち》があります。それはおたがいのちがいを認《みと》めた上で、いいことも悪いこともみんなでわかちあおうという考え方です。苦しんでいる人がいればみんなで助け、がんばっている人がいればみんなではげましてサポートする。このちがいを認《みと》め、わかちあう考え方こそが、ユニバーサルデザインの核心《かくしん》といっても過言《かごん》ではありません。

みなさんにとってこの本が、人と人がおたがいのちがいを認《みと》め、それを受けいれた上で、わかちあうことができるような世の中をつくっていくために、自分に何ができるかを考えていただくきっかけになれば、とてもうれしく思います。

You《ユー》 can《キャン》 make《メイク》 a《ア》 difference《ディファレンス》.（世界は変《か》えられる）

ビデオジャーナリスト
神保哲生《じんぼうてつお》

第《だい》1巻《かん》 多様性《たようせい》を大切にするユニバーサルデザイン　目次

この本の案内役《あんないやく》

この５人はクラスメイト。
学校の授業《じゅぎょう》で「ユニバーサルデザイン」や「持続可能《じぞくかのう》な社会」「多様性《たようせい》」
などについてレポートする課題《かだい》が出ているので、
いろいろと調べています。

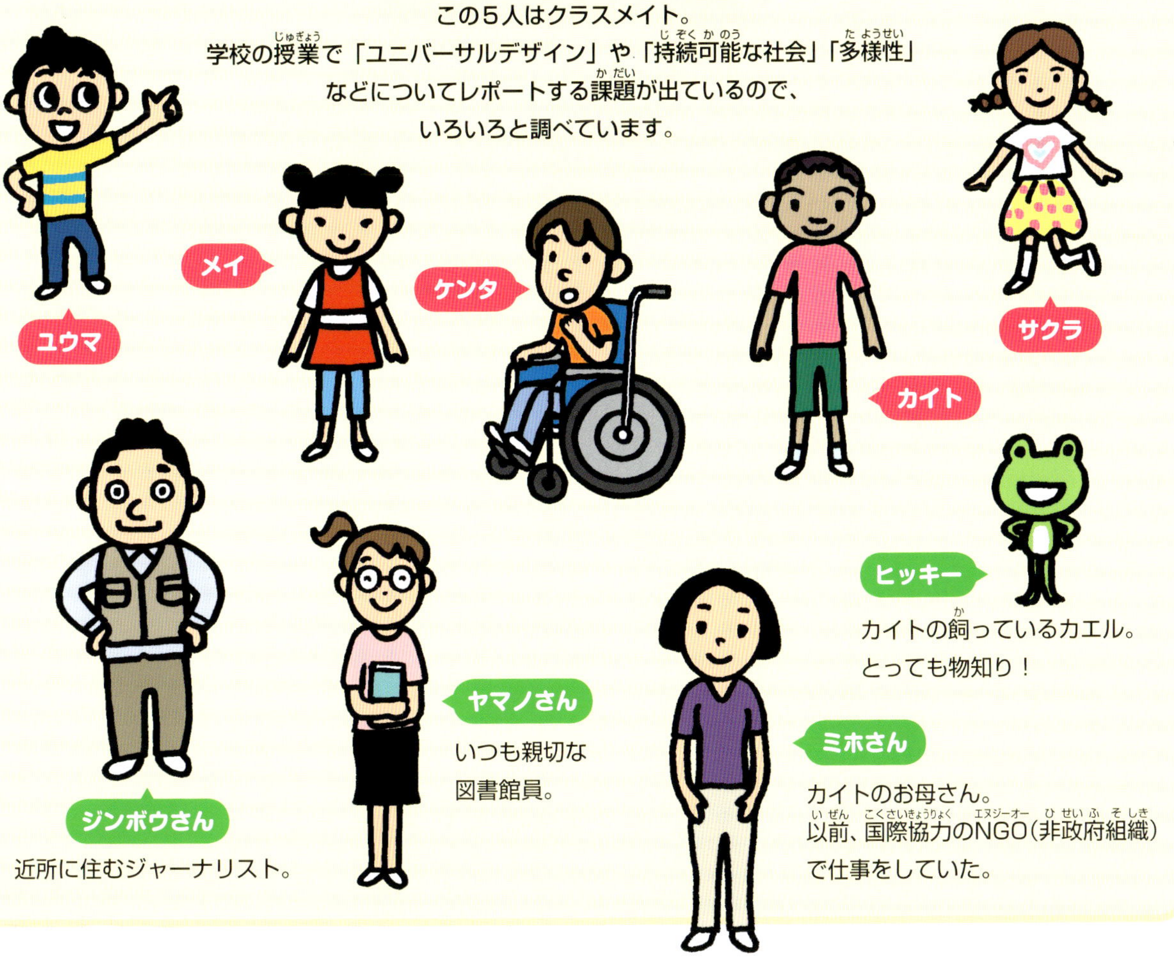

カイトの飼《か》っているカエル。
とっても物知り！

近所に住むジャーナリスト。

いつも親切な
図書館員。

カイトのお母さん。
以前《いぜん》、国際協力《こくさいきょうりょく》のNGO《エヌジーオー》（非政府組織《ひせいふそしき》）
で仕事をしていた。

一人ひとりのルーツを大切にする学校

ことばや食べものから多様な文化と出会う

ぼくたち、わたしたちの学校を紹介《しょうかい》します!

神《か》奈《な》川《がわ》県《けん》横《よこ》浜《はま》市《し》立《りつ》いちょう小学校

いちょう小学校は、全校児童《じどう》208人の小さな学校ですが、外国につながりのある友だちが142人もいます（2011年度）。一人ひとりのルーツをたどっていくと、ベトナム、中国《ちゅうごく》、カンボジア、ラオス、フィリピン、ブラジル、ペルー、バングラデシュ、インドそして日本の10カ国にわたります。ことば、食べもの、慣習《かんしゅう》など、いろいろな文化がいっしょにあることを大切にしている学校です。

ぼくみたいに、お父さんとお母さんが国際結婚《こくさいけっこん》した子もいるのかな？

“小さな地球”みたいな学校だな。ぼくたちの学校と比《くら》べてみよう！

たくさんの文化がともにある学校づくり

どの国の出身であっても、自分にほこりをもちながら、安心して生活ができ、学べる学校にするために、さまざまな取り組みがなされています。

みんなの国のことばで「おはよう」

いちょう小学校の1日は、朝のあいさつから始まります。毎朝、校長先生がいろいろな国のことばで「おはよう」と書かれたカードを持って、出むかえます。「今日はどこの国?」ペルーのことば（スペイン語）で「ブエノス・ディアス（おはようございます）」。みんなの元気な声がひびきます。

学校の中には10カ国語のポスター

「おはよう」「さようなら」「いっしょにあそびましょう」「ありがとう」……。10カ国語で書かれたポスターが、昇降口《しょうこうぐち》、校長室の入口など学校のあちらこちらに、はられています。保健室《ほけんしつ》の前には、体の各部位《かくぶい》の名前がわかるポスターが！　どこかいたくなったりしたとき、日本語がわからなくても助かりますね。

↑「からだのなまえ」ポスターの一部

←あいさつのポスター

ライオンダンスに挑戦《ちょうせん》！ワールドクラブ

ライオンダンス（獅子舞《ししまい》）は、中国《ちゅうごく》や日本などアジアの国に伝《つた》わる伝統的《でんとうてき》な踊《おど》りです。学校のクラブ活動の１つ「ワールドクラブ」では、中国《ちゅうごく》出身のボランティアの方がライオンダンスを教えてくれます。ふだんの練習の成果《せいか》を運動会などで発表します。

卒業式《そつぎょうしき》は民族衣装《みんぞくいしょう》で！

いちょう小学校最後《さいご》の日、卒業生《そつぎょうせい》は自分の出身国の衣装《いしょう》を着ます。中国《ちゅうごく》のチャイナ服、ベトナムのアオザイ、日本の羽織袴《はおりはかま》……。色とりどりの民族衣装《みんぞくいしょう》には、自分の国へのほこりがこめられています。地域《ちいき》の方々《かたがた》、ボランティアの方も出席《しゅっせき》して、いっしょに卒業《そつぎょう》を祝《いわ》ってくれました。卒業式《そつぎょうしき》のほか、入学式・運動会などの学校行事では、いつも数カ国のことばでアナウンスします。

いろいろな文化を紹介《しょうかい》 多文化共生委員会《たぶんかきょうせいいいんかい》

5·6年生による委員会活動の１つに、「多《た》文化共生委員会《ぶんかきょうせい》」があります。いろいろな国の文化をさまざまな機会《きかい》を利用《りよう》して紹介《しょうかい》しています。これまで取りあげた国は、ベトナム、中国《ちゅうごく》、カンボジア、日本です。カンボジアの紹介《しょうかい》では、通訳《つうやく》や翻訳《ほんやく》でお世話になっている先生から、ココナッツダンスを教えてもらい、近くの小・中学校で発表しました。

国際《こくさい》教室とワールドルーム

国際《こくさい》教室では、日本語にまだ慣《な》れない友だちが、日本語の勉強をしています。ワールドルーム（国際展示室《こくさいてんじしつ》）では、いろいろな国の文化にふれられるように、民族衣装《みんぞくいしょう》や民芸品《みんげいひん》の人形・置《お》きものなどがかざられています。

自分や友だちの文化やルーツを学べる授業《じゅぎょう》

国語や理科、社会などの授業《じゅぎょう》を通して、クラスの友だちの文化やルーツを学べる機会《きかい》をもつことが、おたがいのよさやちがいを知ることにつながります。

↑中国《ちゅうごく》出身の友だちは、ぎょうざ作りの先生です

3年生「中国《ちゅうごく》ぎょうざの作り方」（国語）
4年生「ベトナム野菜《やさい》作り」（理科）

中国《ちゅうごく》出身の３年生の友だち２人が、国語の時間に「中国《ちゅうごく》ぎょうざの作り方」を書いて発表しました。その説明書《せつめいしょ》にそって、クラスで実際《じっさい》に作ってみようということになりました。中国人《ちゅうごくじん》のお母さんたちもお手伝《てつだ》いに来て、教えてくれました。まだ日本語が得意《とくい》ではない中国《ちゅうごく》出身の友だちも、ぎょうざ作りはたいへん上手です。みんなで作ったおいしいぎょうざを食べて、中国《ちゅうごく》を身近《みぢか》に感じることができました。

４年生では、ツルレイシ（ゴーヤーの一種）といっしょにベトナムの野菜《やさい》クーシンサイを育てました。収穫《しゅうかく》した後、「ベトナム野菜《やさい》パーティー」を開いて、調理して食べました。

「食べもののお国じまん」は、みんなの大好《だいす》きな授業《じゅぎょう》です。

6年生「戦争《せんそう》についてくわしく調べよう」（社会）

６年生では、社会の時間に、地域《ちいき》に住むお年寄《としよ》りをお招《まね》きし、戦争《せんそう》の体験《たいけん》を聞きました。クラスにいる外国につながりのある友だちの中にも、戦争《せんそう》が関係《かんけい》して日本に来た家族が多くいます。地域《ちいき》の人や両親に、自分たちのルーツである国の戦争《せんそう》の話や、なぜ日本に来たのかなど聞き取りをして、作文にまとめました。自分のこと、友だちのことを知るとてもよい機会《きかい》です。

ベトナムにルーツのある６年生の男の子の作文より（一部）

…わたしは日本で生まれました。だからわたし自身、自分のことを日本人だと信《しん》じて疑《うたが》いませんでした。あるとき、父から「お父さんとお母さんはベトナム人だから、君もベトナム人なんだよ。」と聞きました。話してもらったころは幼《おさな》かったので、そんなに気にしていませんでした。ただ、年れいがあがってくるにつれて、日本語で話すわたしと、ベトナム語で話す両親とのコミュニケーションがとりにくくなり、伝《つた》えたいことがうまく伝《つた》わらなくて、もどかしくて、腹《はら》が立って、でも伝《つた》えたくて…そんな日々《ひび》の中で、自分や家族が日本にいるわけを、以前《いぜん》より深く知りたいと思うようになってきました。

先日、学校の学習支援者《しえんしゃ》の方の話を聞きました。その方は、わたしと同じベトナム人です。十五才のときに、日本に来たとのことでした。その話を聞いて、わたしも家に帰って聞いてみたら、両親も戦争《せんそう》の関係で日本に逃《に》げてきたのだと話してくれました。それで、わたしはやっと、わたしたちベトナム人がどうして日本にいるのかがわかり、ほっとしたような、すっきりしたような気持ちです。……

↑地域《ちいき》に住むお年寄《としよ》りからお話を聞きました。この日のほかにも、長年日本に住んでいるベトナム人の方など、学校の学習支援者《しえんしゃ》にお話を聞いたりします

もっと知りたい

いちょう小学校のある地域《ちいき》はどんなところ？

●大切なことは、地域《ちいき》の中で人と人がつながること

「多文化まちづくり工房《こうぼう》」の代表・早川秀樹《はやかわひでき》さんの話

いちょう小学校は、神奈川県横浜市泉区《かながわけんよこはましいずみく》の神奈川県営《けんえい》いちょう団地《だんち》の中にあります。この団地《だんち》では、一人ぐらしの日本人のお年寄《としよ》りがふえる一方で、外国につながりのある住民《じゅうみん》が、年々《ねんねん》ふえています。

わたしたちは、だれにとっても住みやすい「多文化共生《たぶんかきょうせい》」のまちづくりをめざして活動しています。中心となるボランティアには、大学生、主婦《しゅふ》、定年退職《たいしょく》した人、いちょう団地《だんち》で育った外国につながりのある若者《わかもの》など、いろいろな人が参加《さんか》しています。

日本語教室や学習支援《しえん》教室だけでなく、生活相談もやっていますし、町内会のお知らせにふりがなをつけたり、外国から来た人たちが困《こま》っていることには、なんでも対応《たいおう》しています。多数派《たすうは》である日本人のほうから、少数派《しょうすうは》の外国人に、手をさしのべることが必要《ひつよう》だと思います。

最近《さいきん》、外国にルーツのある若者《わかもの》たちが、レスキュー隊《たい》を作りました。地震《じしん》や災害《さいがい》があったとき、いざというときに、活やくしてくれるのはかれらでしょう。「外国人はこわい」なんて言っていた日本人のおばあちゃんも、防災訓練《ぼうさいくんれん》のときには、「外国人の子はよくやるね」とほめてくれました。

日本人は、いったん自分の仲間《なかま》であると認《みと》めてしまえば、異質《いしつ》なものでも案外《あんがい》うまく受けとめる力があると思います。世界のニュースでは、移民《いみん》がふえることを心よく思わない人たちについての報道《ほうどう》もありますが、こういう地域《ちいき》の取り組みが、世界にも通用するのではないかと、わたしは期待しています。

さまざまな文化をもった人たちが同じ地《ち》域《いき》で生活するには、おたがいが相手の文化を理解《りかい》すること、そして地域《ちいき》の中で人と人がつながっていくことが、なにより大切だと思います。そういう人と人をつなげる機会《きかい》を、これからもつくっていきたいと思います。

⬆いちょう団地《だんち》まつりには、いろいろな国の料理《りょうり》が楽しめる屋台《やたい》を出しました

⬆外国につながりのある若者《わかもの》たちが参加《さんか》した防災訓練《ぼうさいくんれん》

よりよい生活を求《もと》め、世界を移動《いどう》する人びと

人は、経済的《けいざいてき》に豊《ゆた》かでよりよい生活を求《もと》め、自分や家族の安全や安心を得《え》るために移動《いどう》します。このことは、歴史《れきし》のいつでも、世界のどこでもあてはまることなのです。

移住《いじゅう》する人びと「移民《いみん》」

自分の生まれ育った国（母国）をはなれて、長期間、別《べつ》の国に移《うつ》り住む人びとを「移民《いみん》」といいます。

国際連合《こくさいれんごう》（国連《こくれん》）の推計《すいけい》（2010年）によると、世界の人口（約《やく》69億《おく》人）のうち、約《やく》2億《おく》1,400万人（約《やく》3.1パーセント）が出生《しゅっせい》国以外《こくいがい》でくらしています。

移民《いみん》には、自分の意思で移住《いじゅう》する人たちと、そうではない事情《じじょう》で移住《いじゅう》する人たちがいます。

自分の意思で移住《いじゅう》する人たちの例《れい》としては、外国へ行って働《はたら》く人のほか、長期間海外へ留《りゅう》学《がく》する人や、母国以外《いがい》でくらす人と結婚《けっこん》する人、すでに外国に住んでいる家族と合流する人などがいます。

一方、つぎのような状況で母国をはなれなければならない、難民《なんみん》または亡命希望者《ぼうめいきぼうしゃ》とよばれる人たちがいます。

- 民族《みんぞく》・宗教《しゅうきょう》・思想・政治的《せいじてき》な意見のちがいなどから迫害《はくがい》を受ける（おそれがある）ため、母国《ぼこく》を逃《のが》れて帰国できない人、帰国を望《のぞ》まない人
- 武力紛争《ぶりょくふんそう》や人権侵害《じんけんしんがい》から逃《のが》れるため国を出た人
- 飢《う》えや自然災害《さいがい》から逃《のが》れてくる人

このような人たちの数は、けっして減《へ》っていませんが、国によっては難民《なんみん》の受けいれに消極的《しょうきょくてき》な場合が見られます。

日本に移《うつ》り住んでいる人たちは？

日本へ移住《いじゅう》してきた人の数は、日本の人口の約《やく》2パーセント弱《じゃく》といわれています。近年、少子高齢化《しょうしこうれいか》が進み、国内での労働力《ろうどうりょく》が減少《げんしょう》してきたことから、外国からの働《はたら》き手を受けいれていこうという流れが生まれています。とくにサービス業《ぎょう》や製造業《せいぞうぎょう》に従事《じゅうじ》する人たちが急速にふえています。

そこで、移住《いじゅう》してきた人の子どもの教育をどうするかという問題が出てきています。

外国につながりのあるの子どもたちは、ことばのちがいだけでなく、異《こと》なる文化や生活習慣《しゅうかん》の中に身を置《お》くことになり、さまざまな不安《ふあん》やストレスをかかえやすいといわれます。

また子どもたちだけでなく、慣《な》れない土地で育児《いくじ》をする親の不安や、十分《じゅうぶん》な医療《いりょう》が受けられていない人もいるという問題があります。

国全体の施策《しさく》は遅《おく》れていますが、外国につながりのある人が多く住む自治体《じちたい》を中心に、地域《ちいき》をあげて多文化共生《たぶんかきょうせい》社会をめざす取り組みが始まっています。

1945年以降《いこう》（第二次世界大戦後《たいせんご》）の国際的《こくさいてき》な移民《いみん》の流れのイメージ

『国際移民《こくさいいみん》の時代　第４版《はん》』をもとに作成《さくせい》

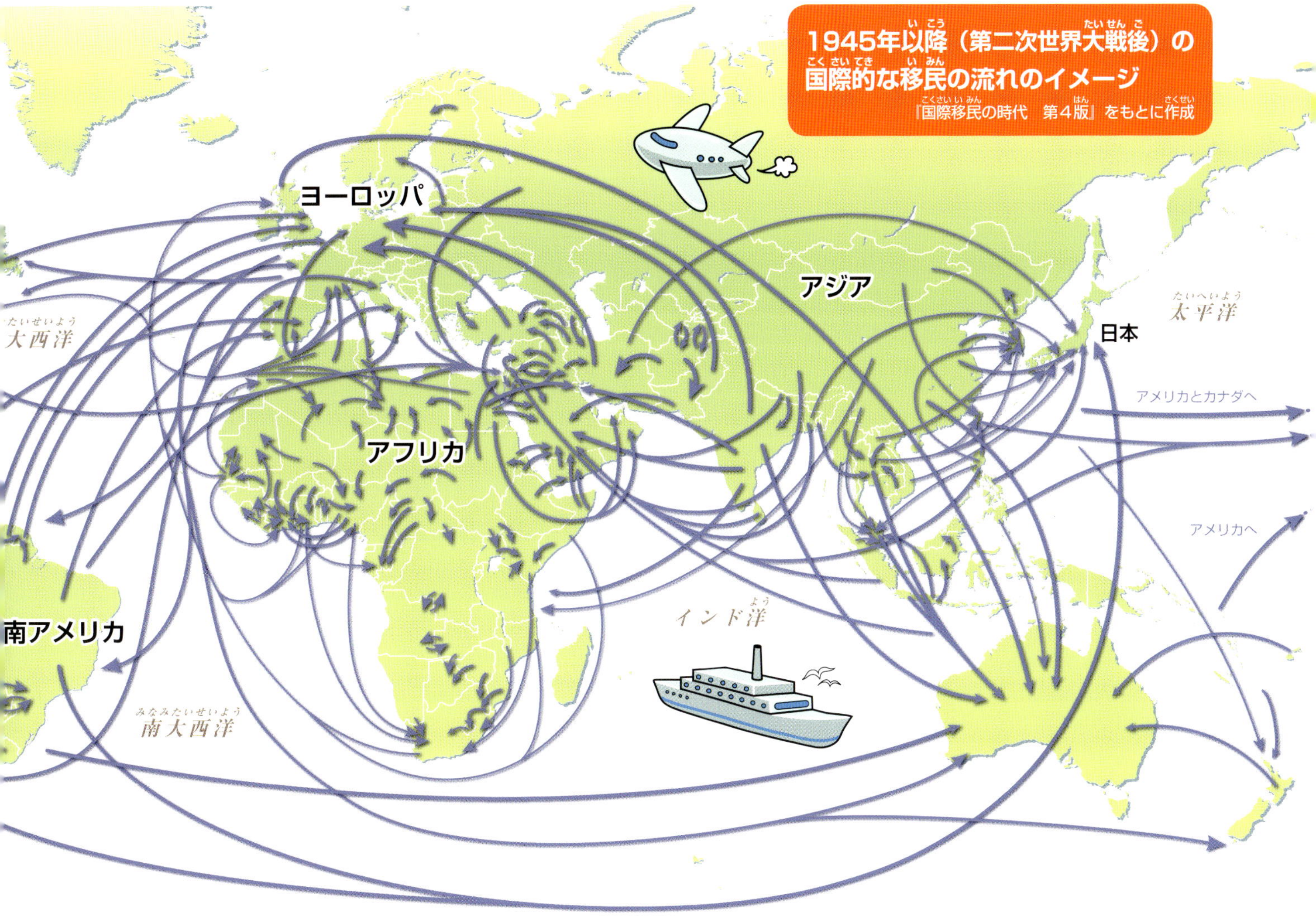

ヨーロッパ
アジア
アフリカ
南アメリカ
日本
大西洋《たいせいよう》
太平洋《たいへいよう》
南大西洋《みなみたいせいよう》
インド洋《よう》
アメリカとカナダへ
アメリカへ
日系《にっけい》ブラジル人、日系《にっけい》ペルー人の日本への移動《いどう》など

移住《いじゅう》する人には、故郷《ふるさと》に住む家族にお金を送るために長期間滞在《たいざい》する外国人労働者《ろうどうしゃ》もふくまれます。中には、入国に必要《ひつよう》な書類《しょるい》を持たずに外国に移《うつ》り住む人や、認《みと》められた期限《きげん》をこえて滞在《たいざい》する人もふくまれます。国連《こくれん》では、不法《ふほう》な滞在者《たいざいしゃ》を減《へ》らす努力《どりょく》を各国政府《かっこくせいふ》に求《もと》める一方で、そういった人や家族の安全や社会的権利《しゃかいてきけんり》は守るように呼《よ》びかけています。

まめちしき

「NHK《エヌエイチケイ》のど自慢《じまん》」海外大会

毎週日曜日のお昼に、NHK総合《エヌエイチケイそうごう》テレビとラジオ第《だい》1で放送される「NHK《エヌエイチケイ》のど自慢《じまん》」という番組を知っていますか？ 1946年の放送開始以来《かいしいらい》、60年以上続《いじょうつづ》いていて、日本各地《かくち》をまわり、その土地のようすとそこに生きる人びとを歌を通して紹介《しょうかい》する、だれもが参加《さんか》できる番組です。

この「NHK《エヌエイチケイ》のど自慢《じまん》」は、1998年にブラジル日本人移住《いじゅう》90周年《しゅうねん》を記念《きねん》して、首都《しゅと》サンパウロにおいて海外で初《はじ》めて行われました。その後、古くから日本人の移住者《いじゅうしゃ》が多い、ペルー、アルゼンチン、パラグアイ、カナダ、アメリカ合衆国《がっしゅうこく》のハワイ、サンフランシスコなど世界各地《かくち》で行われています。また、海外に住む日本人からの反響《はんきょう》が大きく、イギリスやシンガポール、中国《ちゅうごく》、韓国《かんこく》、台湾《たいわん》などでも開かれました。

海外でくらす移住者《いじゅうしゃ》が、親から子、子から孫《まご》へと歌いついだ日本の歌は、かれらの新天地でのさびしさをいやし、差別《さべつ》や偏見《へんけん》に直面しつらい思いをしたときにははげましてくれました。そして今なお、現地《げんち》の人びとの心と日本をつないでいるのです。

ワールド・ウォッチ　世界ではどうなっているの？

多文化主義《しゅぎ》を守りつづけるカナダとノルウェー

世界の国ぐにでは移民《いみん》を受けいれる一方で、文化や宗教《しゅうきょう》、価値観《かちかん》のちがいなどから対立が生まれ、社会問題となっています。そんな中、それぞれの出身民族《みんぞく》の文化を尊重《そんちょう》しあおうとがんばる２つの国の例《れい》を紹介《しょうかい》します。

●悲しい歴史《れきし》はくり返さない。民族《みんぞく》をこえたつながりを！　～カナダ

カナダには、イヌイットなどの先住民《せんじゅうみん》をはじめ、イギリス系《けい》やフランス系《けい》の移民《いみん》、ヨーロッパ、アジア、アフリカ、中央・南アメリカなど200以上《いじょう》の民族《みんぞく》出身の人びとがくらしています。人口の減少《げんしょう》が予測《よそく》され、労働《ろうどう》力を確保《かくほ》するために、毎年20数万人もの移民《いみん》を計画的《けいかくてき》に受けいれています。

1971年、カナダは世界で初《はじ》めて“それぞれの出身民族《みんぞく》の文化を尊重《そんちょう》しあう”という「多文化主《しゅ》義《ぎ》」を国の方針《ほうしん》としました。1988年には「多文化主義法《しゅぎほう》」ができ、人種《じんしゅ》や考え方、出身地などにかかわらず、国民《こくみん》一人ひとりが同じように自由と平等の権利《けんり》をもつ社会づくりへと歩みはじめます。

しかし、2001年９月11日にアメリカ合衆国《がっしゅうこく》で起きた同時多発テロ事件《じけん》は、カナダ社会にも大きな衝撃《しょうげき》をあたえました。事件《じけん》を起こしたテロリストたちがイスラム教を信《しん》じていることがわかると、カナダに住むイスラム教徒《きょうと》への非難《ひなん》やおどし、イスラム教寺院への放火も報告《ほうこく》されました。

一方で、イスラム教徒《きょうと》への支援《しえん》の動きも出てきました。誤解《ごかい》が広がっているイスラム教について住民《じゅうみん》に正しく理解《りかい》してもらうための機会《きかい》が設《もう》けられたり、宗教組織《しゅうきょうそしき》や文化団体《だんたい》などがイスラム教徒《きょうと》を支援《しえん》する立場を取りはじめたのです。日本人移民《いみん》（日系《にっけい》カナダ人）の組織《そしき》も早く動きました。

――1941年、日本軍《ぐん》がハワイの真珠湾《しんじゅわん》などを攻撃《こうげき》して太平洋戦争《たいへいようせんそう》が始まりました。当時のカナダ政府《せいふ》は、日系人《にっけいじん》というだけで敵国人《てきこくじん》とみなし、財産《ざいさん》を取りあげ、収容所《しゅうようじょ》に強制的《きょうせいてき》に移動《いどう》させました。「こうした過去《かこ》の悲劇《ひげき》をくり返してはならない。特定《とくてい》の民族《みんぞく》への非難《ひなん》をやめよう」という内容《ないよう》の発言を、カナダを代表する日系人《にっけいじん》作家ジョイ・コガワさんが新聞に発表したのもその動きの１つでした。

●それでも、多文化主義《しゅぎ》を守りつづけよう　～ノルウェー

ノルウェーは、人口約《やく》490万人の小さな国ですが、男と女、さまざまな身分、外国やほかの民族《みんぞく》との間における平等意識《びょうどういしき》が高い国として知られています。

また、ノーベル平和賞《へいわしょう》の授賞式《じゅしょうしき》が行われる国としても有名です。

そのノルウェーで、2011年７月、世界じゅうをおどろかせるような事件《じけん》が起きました。

ノルウェーのウトヤ島で、一人の男が銃《じゅう》を乱射《らんしゃ》し、政権《せいけん》を担当《たんとう》する労働党《ろうどうとう》が開いていたキャンプに参加《さんか》していた68人の若者《わかもの》を殺害《さつがい》したのです。「移民《いみん》を積極的《せっきょくてき》に受けいれ、国を滅《ほろ》ぼしつつある労働党《ろうどうとう》にばつをあたえるには、将来《しょうらい》を担《にな》う労働党《ろうどうとう》の若者《わかもの》を殺《ころ》すのが一番だ」。犯人《はんにん》は事件《じけん》を起こした理由をそう語っています。

1980年代から移民《いみん》がふえつづけ、今では人口の約《やく》12パーセントをしめているノルウェーでは、今回の事件《じけん》の前から、移民《いみん》を退《しりぞ》けようという主張《しゅちょう》が社会にじわじわと広がっていました。

しかし、事件《じけん》に大きなショックを受けた国民《こくみん》に、ストルテンベルグ首相《しゅしょう》は「寛容《かんよう》な社会、多文化主義《しゅぎ》を守りつづけよう」と呼《よ》びかけました。

ウトヤ島の事件《じけん》でなんとか生き残《のこ》った若者《わかもの》の一人は、「事件《じけん》のせいで移民《いみん》の問題を人前で話せなくなる風潮《ふうちょう》ができるなら、不健全《ふけんぜん》だ」と発言しました。

一般的《いっぱんてき》に、労働者《ろうどうしゃ》の失業率《しつぎょうりつ》が高くなり、景気《けいき》が悪化すると、移民《いみん》を退《しりぞ》けようという動きが高まるといわれているんだ。

自分のルーツを大切に。友だちのルーツも大切に。

それぞれの分野で活やくする３人は、自分のルーツにどんな思いがあり、どんなふうにして大人になっていったんだろう？

ジェロさん（演歌歌手《えんかかしゅ》）●アメリカ合衆国《がっしゅうこく》・ペンシルベニア州ピッツバーグ出身

ぼくの母は、日本人である祖母《そぼ》とアフリカ系《けい》アメリカ人である祖父《そふ》との間に生まれました。そして、祖父《そふ》と同じアフリカ系《けい》アメリカ人と結婚《けっこん》し、ぼくが生まれました。

母はわけあって子どものころ、アメリカに住む両親とはなれ、しばらく日本で育ちました。肌《はだ》の色が黒いことなどでいじめにあう母のつらい毎日をなぐさめてくれたのは、演歌《えんか》とチャンバラ映画《えいが》だったそうです。「自分は日本が大好《だいす》きなのに、日本人は自分のことを好《す》きになってくれない」。その思いが強くなり、母はアメリカへの移住《いじゅう》を決意しました。

ぼくが幼《おさな》いころ、祖母《そぼ》の家に遊びにいくと、いつも演歌《えんか》が流れていて、祖母《そぼ》、母、ぼくはカラオケでよく演歌《えんか》を歌っていました。苦しいことをまわりには言わず、前向きな祖母《そぼ》や母の人生が、ぼくの「日本で演歌《えんか》歌手になる」という意志《いし》をささえてくれたのかもしれません。

コウケンテツさん（料理研究家《りょうりけんきゅうか》）●大阪府《おおさかふ》出身

子どものころ、いつも大勢《おおぜい》の人に囲《かこ》まれてごはんを食べていた記憶《きおく》があります。

ぼくの両親は、韓国《かんこく》で生まれて日本に移住《いじゅう》してきました。そのため、日本を知る努力《どりょく》をし、同時に韓国《かんこく》のことを知ってもらう努力《どりょく》もたくさんしたそうです。そうした努力《どりょく》の１つが、みんなを家に招《まね》いて、手作りの韓国料理《かんこくりょうり》を食べてもらうことでした。料理《りょうり》を通して、自分たち家族のルーツや文化を知ってもらい、人種《じんしゅ》や国籍《こくせき》の壁《かべ》をこえることができれば、と考えていたのです。その信念《しんねん》を息子《むすこ》のぼくが受けつぎ、韓国料理《かんこくりょうり》を中心としたレシピを雑誌《ざっし》やテレビで紹介《しょうかい》する仕事を始めました。今では、両親の思いが原動力となり、海外取材《しゅざい》をしながら、ほかの国の料理《りょうり》や生活、文化を紹介《しょうかい》する仕事も行っています。

小島慶子《こじまけいこ》さん（ラジオパーソナリティー）●オーストラリアで出生後《しゅっせいご》、幼少時《ようしょうじ》を海外で過《す》ごす。

両親は日本人ですが、わたしはオーストラリアのパースという町で生まれ、３才で日本に来ました。その後住んだシンガポールも香港《ほんこん》も、さまざまな文化の人びとがくらしている場所でしたので、自然と「たくさんのちがう人びとの中の日本人」という感覚《かんかく》になりました。日本人と外国の人、日本と海外という「内と外」のとらえ方ではなく、たとえばわたしは日本人であの人はインドの人とか、ここは日本でとなりは韓国《かんこく》、という「それぞれのちがい」ととらえています。わたしが日本語で考え、日本の食べものが大好《だいす》きなのと同じように、自分の慣《な》れ親しんだ環境《かんきょう》を心地《ここち》よくほこらしく思う気持ちはだれにでもあるでしょう。なにを愛《あい》して過去《かこ》とつながるかのちがいが、それぞれのルーツなのだと思います。

性《せい》のあり方はグラデーション

自分らしさは自分で決める

：キミは男の子かな？　女の子かな？　どっちかな？

：ぼくは男の子に決まってるよ！

：わたしは女の子よ。

：そう答える理由はなんだろう？

：うーん。そうだ！ おちんちんがついてるから。

：わたしはスカートをはいてるもの。

：でもそれだけで男、女って決められるのかな。
たとえば……母子健康《けんこう》手帳※をみてみよう。

：生まれたときにお医者さんが書くページには
「不明《ふめい》」っていうのがあるよ！

：でも、役所の印がおしてあるところは「男」か「女」になってるよ。

：なんでなの？ 「不明《ふめい》」の人は、どっちかに決めないといけないの？

：勝手に決めちゃったら、まちがえたりして困《こま》ることはないの？

：そうなんだ。生まれたときに決められた性《せい》になじめなくて、大人になってからなやむ人もいるんだ。性《せい》は「男」と「女」の2種類《しゅるい》だけじゃないってことをみていこう！

※母子健康《けんこう》手帳：病院で妊娠《にんしん》が確定《かくてい》し届《とど》け出をすると、母親と赤ちゃんの健康管理《けんこうかんり》を目的《もくてき》として市区町村から交付《こうふ》されるもの

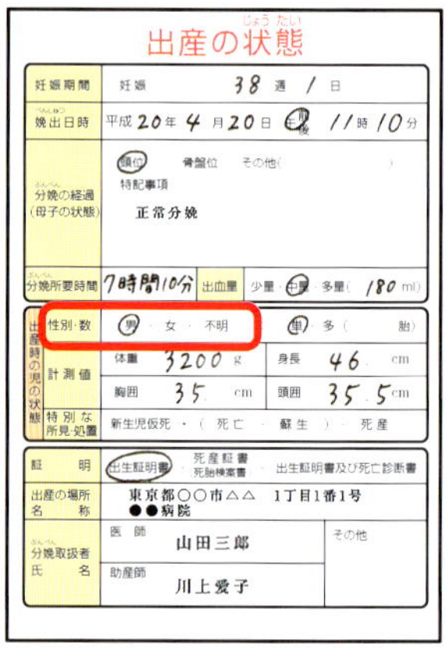

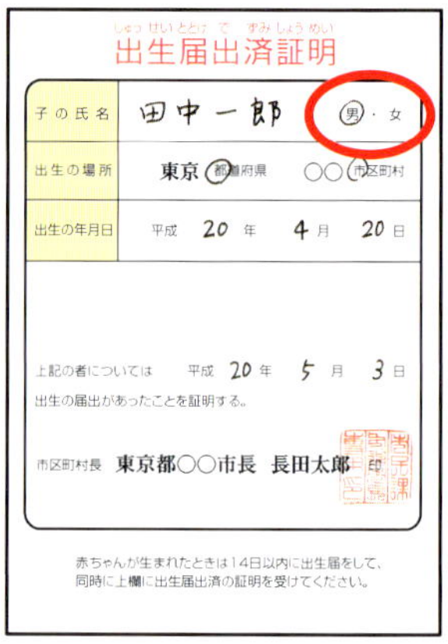

性《せい》には3つの要素《ようそ》がある

人間の性《せい》は、「カラダの性《せい》」「ココロの性《せい》」「スキになる性《せい》」の3つの要素《ようそ》から成《な》りたっています。

●カラダの性《せい》（生物学的《せいぶつがくてき》な性《せい》）

生まれたときに、性器《せいき》などの体の特徴《とくちょう》によって男・女が判断《はんだん》される。

●ココロの性《せい》（性自認《せいじにん》）

心の中で、自分のことを「男だ」、「女だ」と思うかで決まる。

●スキになる性《せい》（性的《せいてき》指向）

「好《す》き」という気持ちが、男の人、女の人どちらに向かうかで決まる。

本当は3つの要素《ようそ》があるのに…

今の社会では、自分の意思《いし》（ココロの性《せい》）とは関係なく、カラダの性《せい》だけで男・女のどちらかにふりわけられ、スキになる性《せい》も限定《げんてい》されてしまう

性《せい》のありようはさまざま

性《せい》の３つの要素《ようそ》を組みあわせてみると、性《せい》のありようはさまざまだとわかります。性別《せいべつ》を判断《はんだん》するときは、ココロの性《せい》を中心に考えます。

●カラダの性《せい》とココロの性《せい》が同じで、スキになる性《せい》がちがう

多くの人はここにあてはまります。かつてはこの２通りしかないと考えられ、この２つのパターン以外《いがい》の人は社会で差別《さべつ》される傾向《けいこう》にありました。

多くの人とは異《こと》なる性《せい》のあり方で生きている人を「セクシャル・マイノリティ（性《せい》のありようが少数派《しょうすうは》である人）」といいます。

カラダの性《せい》	ココロの性《せい》	スキになる性《せい》
男	男	女
女	女	男
男	女	男
女	男	女
男	女	女
女	男	男
男	男	男
女	女	女
男	女	女
女	男	男
⋮	⋮	⋮

『ゲイのボクから伝《つた》えたい「好《す》き」の？《ハテナ》がわかる本』を参考《さんこう》に図版《ずはん》を作成《さくせい》。

●カラダの性《せい》とココロの性《せい》がちがう

自分の体に違和感《いわかん》があり、カラダの性《せい》とココロの性《せい》にズレを感じている人のことを「トランスジェンダー」とよびます。強い違和感《いわかん》が長い間続《つづ》き、激《はげ》しい苦痛《くつう》を引き起こす場合は、医学的《いがくてき》に「性同一性障害《せいどういつせいしょうがい》」と診断《しんだん》されます。

●ココロの性《せい》とスキになる性《せい》が同じ

「自分は男の子で、男の子が好《す》き」「自分は女の子で、女の子が好《す》き」という人のことを「同性愛者《どうせいあいしゃ》」とよびます。同性《どうせい》を好《す》きになる人は、どの社会にも人口の３～５パーセントいるといわれています。

人の数だけ性《せい》の組みあわせがある！

わたしは男子と野球をするのが好《す》き！

上の表はぜんぶ男・女のどちらかに分かれているね。でも、男の子だけれど、「女の子っぽい」ことが好《す》き、女の子だけれど「男の子っぽい」ことが好《す》きということがあるんじゃないかな。

ぼくはピンク色が好《す》き！

●性《せい》はグラデーション

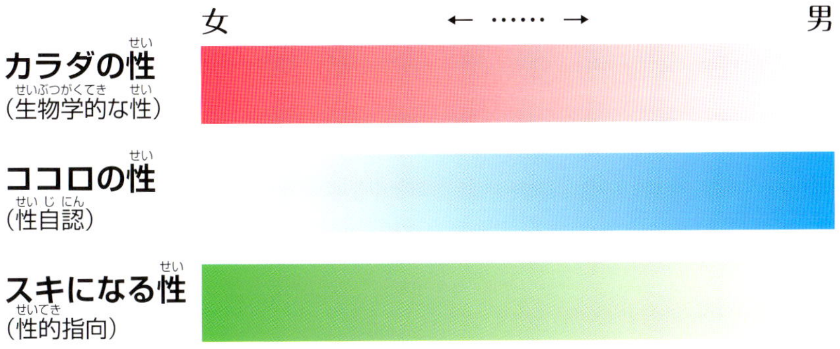

女
← …… →
男
カラダの性《せい》
（生物学的《せいぶつがくてき》な性《せい》）
ココロの性《せい》
（性自認《せいじにん》）
スキになる性《せい》
（性的《せいてき》指向）

⬆「80パーセントは男の子だと思うけれど、20パーセントくらいは女の子っぽいところがあるかな」というように、人によってカラダ・ココロ・スキになる性《せい》の「男」「女」のしめる割合《わりあい》はちがいます。中には、中間的《ちゅうかんてき》な性《せい》をもつ人もいます。男・女の区別《くべつ》の間にはグラデーションが存在《そんざい》していて、人の数だけ性《せい》のありようがあるのです。

中間的《ちゅうかんてき》な性《せい》をもつ人の例《れい》

インターセックス：カラダの性《せい》を男・女のどちらかに決められない状態《じょうたい》。多くの人は、性器《せいき》や性腺《せいせん》（卵巣《らんそう》や精巣《せいそう》）、性染色体《せいせんしょくたい》が男性《だんせい》型《がた》・女性型《じょせいがた》のどちらかに統一《とういつ》されていますが、中には統一《とういつ》されていない人、判別《はんべつ》がむずかしい人がいます。2000人に1人の割合《わりあい》で生まれるといわれています。

バイセクシャル：好《す》きになる対象《たいしょう》の性別《せいべつ》を問わない人。男の子も好《す》きになったり、女の子も好《す》きになったりします。

自分の性《せい》のあり方を伝《つた》えたい!

セクシャル・マイノリティの人は、差別《さべつ》や偏見《へんけん》、自分の性《せい》についてなやみながらも、家族や友だちなど、まわりの人に、性《せい》のあり方を伝《つた》えはじめています。

インタビュー

当たり前だと思っていることも、時代や場所によって変わります

上川《かみかわ》あやさん（東京都世田谷区議会議員《とうきょうとせたがやくぎかいぎいん》）

©大澤啓徳

上川さんのこれまでの歩み

1968年	男の子として生まれる
中学1年	ヒゲや声変わりに嫌悪感《けんおかん》をおぼえる。クラスメイトの男の子を好《す》きになる
高校1年	私立《しりつ》の男子校に入学
高校3年	初《はじ》めて同級生の男の子とつきあう。約1年後、彼《かれ》が別《べつ》の女の子を好《す》きになり失恋《しつれん》
大学時代	なやみをだれにも打ちあけないで過《す》ごす
22才	男性《だんせい》として公益《こうえき》法人に就職《しゅうしょく》
27才	ココロの性《せい》とカラダの性《せい》に関《かん》する勉強会に参加《さんか》。ホルモン治療《ちりょう》をはじめ、仕事を辞《や》める
30才	性同一性障害《せいどういつせいしょうがい》と診断《しんだん》される
35才	東京都世田谷区議会議員選《とうきょうとせたがやくぎかいぎいんせん》挙《きょ》で初当選《はつとうせん》
36才	性別適合手術《せいべつてきごうしゅじゅつ》を受ける
37才	性同一性障害特例法《せいどういつせいしょうがいとくれいほう》により戸籍《こせき》の性別《せいべつ》を変更《へんこう》

保育園のころ、わたしは「オレ」や「ぼく」を使うのがなぜかいやでした。小学生のときは、着せかえ人形がほしかったけれど、親に言いだせませんでした。中学生になって「自分は同性愛者《どうせいあいしゃ》なのだろうか」と思いましたが、「男として男を好《す》きになる」ともちがう。性《せい》に対する違和感《いわかん》を、だれにも相談できずにいました。

ココロとカラダの性《せい》がちがう人がいることを知ったのは、27才のときです。同じなやみをもつ仲間《なかま》に出会い、男女に関係《かんけい》なく「自分らしさ」に近づきたいと思いました。その後、女性として生きる道を選《えら》び、1つずつ問題を解決《かいけつ》していきました。性《せい》同一性障害特例法《どういつせいしょうがいとくれいほう》の制定《せいてい》のときは、国に働《はたら》きかけを行いました。

かつては、ココロとカラダの性《せい》がちがうことは「ありえない」と考えられてきました。時代や地域《ちいき》が変われば、社会のものさしやルールは変わります。自分らしさは、自分が決めること。たとえあなたがまわりの人とちがっていても、常識《じょうしき》を疑《うたが》って広く世の中をみわたしてみてください。

ニュース情報局《じょうほうきょく》

文部科学省《もんぶかがくしょう》が「性同一性障害《せいどういつせいしょうがい》の子の気持ちを大切に！」

2010年、文部科学省《もんぶかがくしょう》は全国の教育委員会などにむけて「性同一性障害《せいどういつせいしょうがい》をもつ子の気持ちを配慮《はいりょ》して対応《たいおう》するように」と通知しました。

同じ年、神戸《こうべ》（兵庫県《ひょうごけん》）の小学校に女の子として通う6年生の性同一性障害《せいどういつせいしょうがい》の男の子が、進学先の中学校でも女の子として通学できることになりました。学校の関係者や先生などが話しあい、制服《せいふく》やトイレ、名簿《めいぼ》を女《じょ》子《し》あつかいとする方針《ほうしん》にしたとメディアは報《ほう》じました。

まめちしき

性同一性障害特例法《せいどういつせいしょうがいとくれいほう》とは

2003年に成立《せいりつ》した性同一性障害《せいどういつせいしょうがい》（者《しゃ》）特例法《とくれいほう》は、性同一性障害《せいどういつせいしょうがい》の人が一定の条件《じょうけん》をみたせば、戸籍《こせき》の性別《せいべつ》を変更《へんこう》できると定めています。

それまで性同一性障害《せいどういつせいしょうがい》の人たちは、体や服装《ふくそう》など外見はココロの性《せい》にあわせて変えられても、健《けん》康保険証《こうほけんしょう》など書類《しょるい》の上ではもとの性《せい》のままでした。そのちがいがもとで、就職《しゅうしょく》で不利になったり、いやがらせにあうことも少なくありませんでした。

なお、この法律《ほうりつ》では新しく認《みと》められた性《せい》での結《けっ》婚《こん》や養子縁組《ようしえんぐみ》も認《みと》めています。

インタビュー

ⓒ高橋成

きみはひとりじゃない！ ちがいを認《みと》めあう関係《かんけい》づくりを

石川大我《いしかわたいが》さん（東京都豊島区議会議員《とうきょうととしまくぎかいぎいん》）

石川さんのこれまでの歩み

1974年	男の子として生まれる
小学５年	１学年上の先輩《せんぱい》の男の子を好《す》きになる
中学時代	自分が同性愛者《どうせいあいしゃ》であることに気づく
高校時代	女の子が好《す》きなフリをして過《す》ごす
大学１年	仲良《なかよ》し５人組の１人を好《す》きになるも、彼《かれ》に彼女《かのじょ》ができて失恋《しつれん》
大学３年	好《す》きだった男友だちに自分は同性愛《どうせいあい》だと伝《つた》える
26才	インターネット上で自分と同じ仲間《なかま》に出会う。同《どう》性愛《せいあい》に関する情報発信《じょうほうはっしん》の団体《だんたい》に参加《さんか》
28才	実名で著書《ちょしょ》『ボクの彼氏《かれし》はどこにいる？』を出版《しゅっぱん》
31才	10～20代のゲイのための友だち探《さが》しイベント「ピアフレンズ」立ち上げ
36才	東京都豊島区議会議員選挙《とうきょうととしまくぎかいぎいんせんきょ》で初当選《はつとうせん》

中学生になって、自分はもしかしたら同性愛者《どうせいあいしゃ》かもしれないと気づいたとき、「だれにも言えないひみつをかかえてしまった」となやみました。みんなが同性愛者《どうせいあいしゃ》のことを「ホモ」「おかま」と言って、バカにしていたからです。いつかはみんなと同じように女の子を好《す》きになるにちがいないと思って、ずっと自分の気持ちを否《ひ》定《てい》していました。

ホームページで、初《はじ》めてぼくと同年代のゲイ（男性同性愛者《だんせいどうせいあいしゃ》）の人をみつけたとき、「ここにいたのか！」となみだが出ました。仲間《なかま》ができてからは、自分にうそをつかずに生きていけるようになりました。

昔のぼくと同じようになやんでいる子は、今は自分ひとりしかいないと思うかもしれない。でも、同じような人はたくさんいます。そして、いつかきっと仲間《なかま》に出会い、自分らしく、充実《じゅうじつ》した人生が送れます。ぼく・わたしには関係《かんけい》ないと思っている子、もしかしたらキミのクラスにも、ぼくみたいな子がいるかもしれない。そういう友だちがいたら、ちがいをちがいとして認《みと》めあう関《かん》係《けい》を築《きず》いていってほしい。そう願《ねが》っています。

同性《どうせい》を好《す》きという友だちのなやみについてきいてみました

●どんなことでなやんでる？

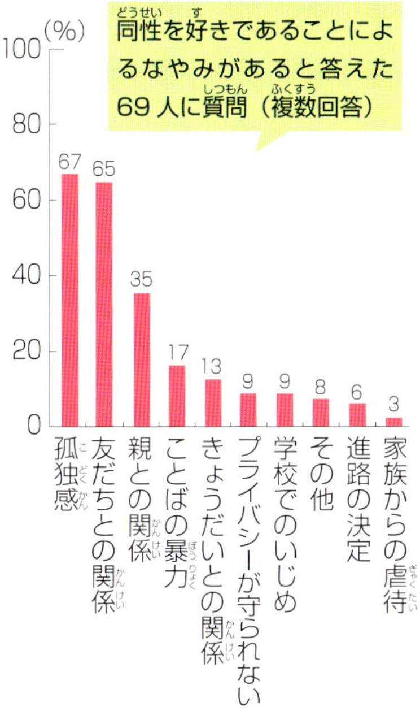
同性《どうせい》を好《す》きであることによるなやみがあると答えた69人に質問《しつもん》（複数《ふくすう》回答）
100
80
60
40
20
0
(%)
67
65
35
17
13
9
9
8
6
3
孤独感《こどくかん》
友だちとの関係《かんけい》
親との関係《かんけい》
ことばの暴力《ぼうりょく》
きょうだいとの関係《かんけい》
プライバシーが守られない
学校でのいじめ
その他
進路の決定
家族からの虐待《ぎゃくたい》

●相談できる人はどんな人？

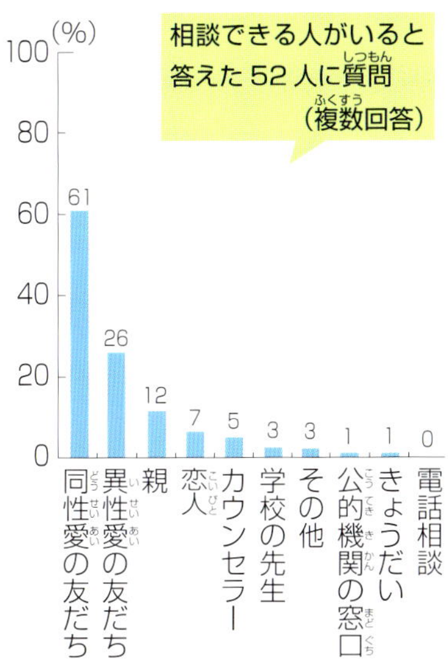
相談できる人がいると答えた52人に質問《しつもん》（複数《ふくすう》回答）
100
80
60
40
20
0
(%)
61
26
12
7
5
3
3
1
1
0
同性愛《どうせいあい》の友だち
異性愛《いせいあい》の友だち
親
恋人《こいびと》
カウンセラー
学校の先生
その他
公的機関《こうてききかん》の窓口《まどぐち》
きょうだい
電話相談

左のグラフをみると、多くの人が友だちとの関係《かんけい》になやんでいることがわかります。もっとも多いなやみである「孤独感《こどくかん》」も、友だちとの関係《かんけい》が影響《えいきょう》しています。相談できる人は、同性愛《どうせいあい》の友だちが圧倒的《あっとうてき》に多く、２番目に異性《いせい》愛《あい》の友だちとなっています。

同性《どうせい》を好《す》きという友だちにとっては、なやみを共有《きょうゆう》し孤独感《こどくかん》を和らげてくれる友だちの存在《そんざい》は大きいといえます。

男性同性愛者《だんせいどうせいあいしゃ》の生活課題《かだい》に関《かん》する調査結果《ちょうさけっか》
（ＮＰＯ法人《エヌピーオーほうじん》ピアフレンズ・厚生労働省研究班《こうせいろうどうしょうけんきゅうはん》）より

ワールド・ウォッチ　世界ではどうなっているの？

セクシャル・マイノリティの人たちが、自分たちの性《せい》について語りはじめたのは1970年代になってからです。かつて、セクシャル・マイノリティの人たちは「異常《いじょう》」とみなされ、社会から差別《さべつ》を受けていました。

●セクシャル・マイノリティが初《はじ》めて立ちあがった　～ストーンウォールの反乱《はんらん》

1969年、ニューヨーク（アメリカ合衆国《がっしゅうこく》）の「ストーンウォール・イン」という飲食店で、男性同性愛者《だんせいどうせいあいしゃ》（ゲイ）が集まっているという理由だけで警官《けいかん》が捜査《そうさ》に入りました。そこにいた人びとは、初《はじ》めて警官《けいかん》に立ちむかい、暴動《ぼうどう》に発展《はってん》しました。これをきっかけに、世界各地《かくち》でゲイによる抗議《こうぎ》のパレードが行われるようになり、やがてセクシャル・マイノリティ全体の運動として広まっていきます。

●性別《せいべつ》に関係《かんけい》なくカップルが使える新しい制度《せいど》を　～パートナーシップ法《ほう》の誕生《たんじょう》

結婚《けっこん》は異性《いせい》カップルのための制度《せいど》という現状《げんじょう》を変えずに、同性《どうせい》カップルが使える新しい制度《せいど》をつくった国があります。たとえば、デンマークでは1989年、世界で初《はじ》めてパートナーシップ法《ほう》を成立《せいりつ》させ、同性《どうせい》カップルにも異性《いせい》カップルと同様な法的権利《ほうてきけんり》を認《みと》めることになりました。国によって呼《よ》び名は異《こと》なりますが、パートナーシップ法《ほう》を制定《せいてい》している国としては、スウェーデン、ノルウェー、フィンランド、アイスランド、ドイツ、ルクセンブルク、イギリス、スロベニア、オーストラリア、ニュージーランド、ブラジルなどがあります。

●男性《だんせい》と女性《じょせい》を区別《くべつ》するような記述《きじゅつ》をなくした結婚制度《けっこんせいど》を採用《さいよう》する国も出てきた

ほとんどの国では、法律上《ほうりつじょう》、男性《だんせい》と女性《じょせい》という異性同士《いせいどうし》でなければ結婚《けっこん》が認《みと》められていませんが、同性同士《どうせいどうし》での結婚《けっこん》を認《みと》める国も少しずつふえてきました。これは、結婚《けっこん》を定義《ていぎ》している法律《ほうりつ》を改正《かいせい》して、性別《せいべつ》に関係《かんけい》なく2人の間で結婚《けっこん》できるようにしたものです。

世界で一番初《はじ》めに同性同士《どうせいどうし》による結婚《けっこん》（同性婚《どうせいこん》）を認《みと》めたのは、オランダで、2001年のことです。2011年現在《げんざい》、同性婚《どうせいこん》が認《みと》められている国は、オランダ、ベルギー、スペイン、カナダ、南アフリカ共和国《きょうわこく》、ノルウェー、スウェーデン、ポルトガル、アイスランド、アルゼンチンの10カ国です。また、アメリカ合衆国《がっしゅうこく》でも、マサチューセッツ州やコネチカット州など7つの州では、同性婚《どうせいこん》が認《みと》められています。

虹色《にじいろ》の旗《はた》がセクシャル・マイノリティの人たちの象徴《しょうちょう》になっているのは？

虹色《にじいろ》の旗《はた》は1978年、アメリカ合衆国《がっしゅうこく》のサンフランシスコで開かれたゲイ・フリーダムデイ・パレードで使われて以来《いらい》、LGBT《エルジービーティー》の象《しょう》徴《ちょう》になりました。虹《にじ》は、さまざまな色によって美しい景色《けしき》をつくりだします。また、虹《にじ》の色と色との間はグラデーションになっていて、はっきりとした境界線《きょうかいせん》はありません。虹色《にじいろ》の旗《はた》には、多様な性《せい》のあり方を認《みと》め、豊《ゆた》かな社会をつくろうという思いがこめられています。

●国際的《こくさいてき》に人権《じんけん》を認《みと》める動きに　～モントリオール宣言《せんげん》とジョグジャカルタ原則《げんそく》

2006年、国際的《こくさいてき》な会議でセクシャル・マイノリティの権利《けんり》を守る「モントリオール宣言《せんげん》」※1と「ジョグジャカルタ原則《げんそく》」※2が採択《さいたく》※3されました。また、2008年の国際連合《こくさいれんごう》の総会《そうかい》では、性的《せいてき》指向・性自認《せいじにん》にもとづく人権《じんけん》を確認《かくにん》する声明が出され、日本のほか65カ国が賛同《さんどう》しました。

こうした流れをうけて、セクシャル・マイノリティであることを公《おおやけ》にして活やくする人がふえています。2009年にはアイスランドで、女性同性愛者《じょせいどうせいあいしゃ》の首相《しゅしょう》が誕生《たんじょう》しました。いまだに差別《さべつ》や偏見《へんけん》はなくなっていませんが、世界では「さまざまな性《せい》のあり方を認《みと》めよう」という動きが進んでいます。

※1：カナダのモントリオール国際会議《こくさいかいぎ》で採択《さいたく》された「レズビアン、ゲイ、バイセクシャル、トランスジェンダーの人権《じんけん》についてのモントリオール宣言《せんげん》」
※2：インドネシアのジョグジャカルタで開かれた国際会議《こくさいかいぎ》で採択《さいたく》された「性的《せいてき》指向並《なら》びに性自認《せいじにん》に関連《かんれん》した国際人権法《こくさいじんけんほう》の適用《てきよう》上のジョグジャカルタ原則《げんそく》」
※3：採択《さいたく》＝会議で出たさまざまな意見をまとめ、会議に出席《しゅっせき》した人全体の意思として、最終的《さいしゅうてき》に結論《けつろん》づけること

ことばの解説《かいせつ》

セクシャル・マイノリティとＬＧＢＴ《エルジービーティー》

「LGBT《エルジービーティー》」は、セクシャル・マイノリティの人たちが自分たちのことを前向きに語ることばとして使われています。1990年代ごろから北アメリカやヨーロッパで使われはじめ、現在《げんざい》では国際的《こくさいてき》な場でも用いられています。

L《エル》＝レズビアン…女性同性愛者《じょせいどうせいあいしゃ》。女性《じょせい》として生まれ、自分を女性《じょせい》だと認識《にんしき》し、好《す》きになる対象《たいしょう》が女性《じょせい》の人。

G《ジー》＝ゲイ…男性同性愛者《だんせいどうせいあいしゃ》。男性《だんせい》として生まれ、自分を男性《だんせい》だと認識《にんしき》し、好《す》きになる対象《たいしょう》が男性《だんせい》の人。

B《ビー》＝バイセクシャル…両性愛者《りょうせいあいしゃ》。好《す》きになる対象《たいしょう》の性別《せいべつ》を問わない人。好《す》きになる人が男性《だんせい》の場合もあれば、女性《じょせい》の場合もある。

T《ティー》＝トランスジェンダー…生まれたときにわりあてられた性《せい》とはちがう性別《せいべつ》、性《せい》のあり方で生きようとする人。自分の性別《せいべつ》に違和感《いわかん》がある人のことを広く指す。

1997年からブラジル・サンパウロ市中心部で毎年開催《かいさい》され、世界最大《さいだい》、350万人が参加《さんか》するといわれているLGBT《エルジービーティー》プライド・パレード。ブラジル内外から集《つど》うLGBT《エルジービーティー》の人びとだけでなく、多くの一般《いっぱん》市民《しみん》も参加《さんか》する　©米沢心

日本ではどうかな？

日本には現在《げんざい》、同性婚《どうせいこん》の制度《せいど》やパートナーシップ法《ほう》など同性《どうせい》カップルの権利《けんり》を認《みと》める制度《せいど》はありません。

法務省《ほうむしょう》が定めた人権《じんけん》を守るための目標《もくひょう》（啓発《けいはつ》活動年間強調事項《じこう》）では、2006年度から「性的《せいてき》指向や性同一性《せいどういつせい》障害《しょうがい》を理由とする差別《さべつ》をなくそう」とうたっています。

また、2008年には国連人権《こくれんじんけん》理事会が、日本に対して「性的《せいてき》指向と性的自認《せいてきじにん》にもとづく差別《さべつ》をなくすように」と勧告《かんこく》し、政府《せいふ》はこれを受けいれました。みんなが自分らしい性《せい》を生きるための社会づくりは、まだ始まったばかりです。

レインボーマーチ札幌《さっぽろ》のようす。2009年からはさっぽろテレビ塔《とう》が虹色《にじいろ》にかがやいた（北海道《ほっかいどう》・札幌市《さっぽろし》）©レインボーマーチ札幌実行委員会

障《しょう》害《がい》のある人の特《とく》性《せい》を生かすメディアや場をつくる

「伝《つた》える」「使える」「わかちあう」

このあいだ
スウェーデンに行って、
料理《りょうり》の本を買ってきたのよ。
わ〜い
PATRIKS KOKBOK
MAT I MIKRO
なんで写真だけで
説明《せつめい》している
んだろう？
わたしはスウェーデン語
はわからないけれど、
写真を見ながら作れば、
料理《りょうり》ができそうだわ。
POTATISLÅDA
MED BACON
移住《いじゅう》して間《ま》もない人など、
その国の公《おおやけ》の場で使われる言語を母《ぼ》語《ご》としない人や
日常《にちじょう》生活に必要《ひつよう》とされることを処理《しょり》できるだけの
読み書きがむずかしい人
読み書きに
困難《こんなん》のある人
（ディスレクシア）
教育を受けられない不利《ふり》な立場の人
聴覚障害《ちょうかくしょうがい》の人でおもに使う
言語が手話《しゅわ》である人（ろう者《しゃ》）
知的障害《ちてきしょうがい》の
ある人
小学校に
通う子ども
聴覚《ちょうかく》にも視覚《しかく》にも障害《しょうがい》
のある人（盲《もう》ろう者《しゃ》）
脳《のう》こうそくや脳出血《のうしゅっけつ》などの病気によって、
ことばを話したり理解《りかい》したりする部分に障害《しょうがい》がある人
お年寄《としよ》り
言語、記憶《きおく》、注意力《ちゅういりょく》に
障害《しょうがい》のある人
スウェーデンでは
「ＬＬ《エルエル》ブック」とよばれる、
読みやすくやさしい本が
たくさん出版《しゅっぱん》されています。
これは、さまざまな立場の
人に配慮《はいりょ》して作られている
んです。
どうぞ めしあがれ
Bon appétit
ぼなぺてぃ
自立生活ハンドブック
ぶりの てりやき
日本でも作られて
いますよ。
わ〜
すご〜い！
図書館では、いろいろな人が利用《りよう》しやすいように、
ＬＬ《エルエル》ブックのようなバリアフリー図書をそろえること
が望《のぞ》まれています。ヨーロッパやアメリカ合衆国《がっしゅうこく》では
一般的《いっぱんてき》ですが、日本ではまだ数が少ないそうです。
視覚障害《しかくしょうがい》の人のためには、点字図書・録音《ろくおん》図書・大き
な文字の図書などがありますが、最近《さいきん》、
聴覚障害《ちょうかくしょうがい》の人のために、手話による
DVD《ディーブイディー》図書が作られるように
なってきました。

聴覚《ちょうかく》に障害《しょうがい》のある人は見えているから、ふつうに文字が読めるように思うんだけど、なんで手話のＤＶＤ《ディーブイディー》が必要《ひつよう》なんだろう？

自分のことば「手話」を大切にして生きる

生まれつき、または小さいころから聴覚《ちょうかく》に障害《しょうがい》のある人の中に、手話を第一言語（母語《ぼご》）にしている人（ろう者）がいます。

いろいろなことを考えたり、自分の思いを伝《つた》えるとき、みなさんはどんなことばを使っていますか。「日本語！」と答える人が多いかもしれませんが、日本語以外《いがい》で考えたり、話したりする人もいます。その人がおもに使っていることばのことを「第一言語」または「母語《ぼご》」といいます。

たとえば母語《ぼご》が日本語の人なら、英語より日本語で書かれている本のほうが理解《りかい》しやすいわよね。同じように手話が母語《ぼご》の人も、手話を使ったDVD《ディーブイディー》のほうが、内容《ないよう》がよくわかるのです。

手話は、国によって異《こと》なります。日本で使われている手話は「日本手話」といいます。

手話って、日本語をそのまま置《お》きかえているんだと思ってた。

手話を第一言語（母語《ぼご》）にしている人たちは、長年にわたって「ことば」の1つとして認《みと》めるように主張《しゅちょう》してきました。その成果《せいか》として、国連障害者《こくれんしょうがいしゃ》の権利条約《けんりじょうやく》（22ページ参照《さんしょう》）では、手話をことばとして明記することになりました。

2008年4月、日本で初《はじ》めてろう者によるろう者のための学校「明晴学園《めいせいがくえん》」が東京都品川区《とうきょうとしながわく》に開校されました。この学校では、すべての授業《じゅぎょう》を日本手話で行っています。授業《じゅぎょう》だけでなく、休み時間や運動会や学芸会《がくげいかい》などの行事もすべて日本手話を使います。明晴学園《めいせいがくえん》設立《せつりつ》の中心となったバイリンガル・バイカルチュラルろう教育センターでは、幼《おさな》いろうの子どもたちのために、日本手話を使ったDVD《ディーブイディー》の絵本や教材《きょうざい》の開発を行っています。

⬆明晴学園《めいせいがくえん》の教室での授業《じゅぎょう》のようす

⬆➡手話を使ったDVD《ディーブイディー》

バイリンガル・バイカルチュラルろう教育センター 玉田《たまだ》さとみさん のお話

日本手話は、日本語を手の形に直したものではなく、日本のろう者（聴覚《ちょうかく》に障害《しょうがい》のある人）が昔から使ってきた自然《しぜん》な言語です。日本語とは単語《たんご》も文法も異《こと》なる別《べつ》の言語です。

わたしたちは、ろう者が手話を第一言語（母語《ぼご》）としてしっかり獲得《かくとく》することによって、第二言語としての日本語も習得《しゅうとく》するバイリンガル教育を行っています。

また、ろう者はおもに視覚《しかく》を使って情報《じょうほう》を得る「目の人」なので、拍手《はくしゅ》をするときに手をたたくのではなく、手のひらをひらひらさせるなど独自《どくじ》の文化をもっています。聞こえる人の文化と聞こえない人の文化（ろう文化ともいいます）の両方をそれぞれ大切にしようという考えから、バイカルチュラル（2つの文化を理解《りかい》する）教育の実現《じつげん》をめざしています。

見えなくても自分で操作《そうさ》したい!

視覚《しかく》に障害《しょうがい》があっても、ほかの感覚《かんかく》（聴覚《ちょうかく》や触覚《しょっかく》など）を生かすことにより、自分でできることがたくさんあります。

このあいだ、駅の券売機《けんばいき》できっぷを自分で買っている目の不自由な人を見たよ。

えっ？　どうやってきっぷを買ったのかな？

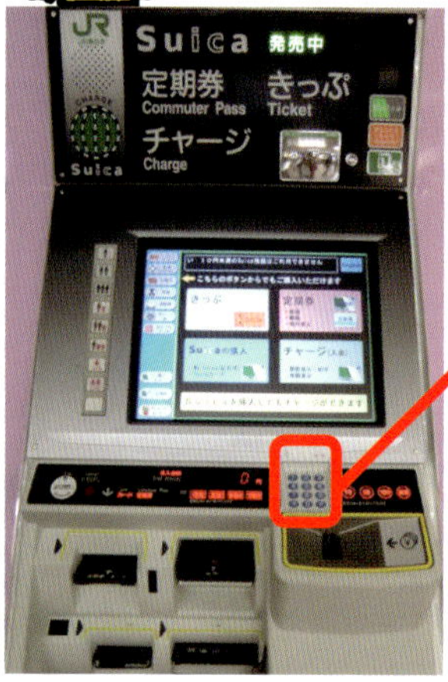

←駅に設置《せっち》されている券売機《けんばいき》の右側《みぎがわ》に、電話と同じ配列のテンキーがついている。たとえば、160円のきっぷを買う場合は、「1」「6」「0」とおす。「*」をおすと音声での案内《あんない》が開始される

テンキーがついている券売機《けんばいき》を使えば、音声の案内《あんない》にしたがって、電話と同じ方法でボタンをおせばよいので、きっぷを買うことができます。

駅できっぷを買ったり、銀行《ぎんこう》でお金をおろしたりするとき、機械《きかい》に取りつけられた液晶《えきしょう》画面をタッチして操作《そうさ》することが多くなってきました。「タッチパネル」とよばれるこのシステムでは、平らな画面にボタンの絵がかかれているだけなので、まったく見えない全盲《ぜんもう》の人には使うことができませんし、視力《しりょく》の弱い弱視《じゃくし》の人の場合、見づらくて、おしまちがえることが多くなってしまいます。そこで機械《きかい》に「テンキー」をつけたり、電話の受話器《じゅわき》をつけて音声による案《あん》内《ない》にしたがって操作《そうさ》ができるようにくふうしたりしているのです。

最近《さいきん》、ＩＴ《アイティー》（情報技術《じょうほうぎじゅつ》）の進化によって、便利《べんり》になったものがたくさんあるけれど、逆《ぎゃく》に新しい技術《ぎじゅつ》のせいで、ある立場の人にとって、それまで使えていたものが使いにくくなってしまったケースも少なくありません。

長年にわたり視覚障害当事者《しかくしょうがいとうじしゃ》の立場から「使いやすさ」のアイデアを研究《けんきゅう》してきた **長谷川貞夫《はせがわさだお》さんのお話**

1995年ごろから駅の券売機《けんばいき》がタッチパネル式に変わっていきましたが、わたしは視覚障害《しかくしょうがい》のある仲間《なかま》たちと、タッチパネルのとなりに、電話と同じ配列のテンキーをつけるように要望《ようぼう》し、鉄道会社が採用《さいよう》してくれました。また、そのころから銀行《ぎんこう》・郵便局《ゆうびんきょく》などの金融機関《きんゆうきかん》やコンビニエンスストアに、タッチパネル式現金《げんきん》自動預《あず》け払《ばら》い機（ＡＴＭ《エーティーエム》）が設置《せっち》されるようになりましたが、同様のシステムを採用《さいよう》するように働《はたら》きかけました。

今わたしが挑戦《ちょうせん》しているのは、最近《さいきん》流行しているスマートフォン（多機能携帯電話《たきのうけいたいでんわ》）やタブレット型端末《がたたんまつ》を視覚障害《しかくしょうがい》のある人でも使いやすくするためのくふうです。点字を応用《おうよう》した入力方法《にゅうりょくほうほう》を提案《ていあん》しています。

ＡＴＭ《エーティーエム》やタブレット型端末《がたたんまつ》を利用《りよう》する長谷川貞夫《はせがわさだお》さん↑

自分のことを語りあえる場をつくる

日常《にちじょう》生活の中で生きづらさを感じている発達障害《はったつしょうがい》のある人たちが気軽《きがる》に立ち寄《よ》れる場をつくろうと、東京都《とうきょうと》にユニークな喫茶店《きっさてん》が誕生《たんじょう》しました。

喫茶店《きっさてん》の名前は「Necco（ネッコ）カフェ」。東京都新宿区《とうきょうとしんじゅくく》の早稲田通《わせだどお》り沿《ぞ》いに面したビルの2階《かい》にあるこの喫茶店《きっさてん》には、ほかのカフェにはない、いくつかの特徴《とくちょう》があります。

たとえば「当事者研究《とうじしゃけんきゅう》」と名づけ、「なんで集《しゅう》団《だん》のノリにのれず、自分だけぽつんと取り残《のこ》された感じになってしまうのだろう」とか、「突《とつ》然《ぜん》考えがちがうことに飛《と》んでしまうのはなぜだろう」といった自分の特性《とくせい》についてみんなで自由に語りあう場を設《もう》けたり、発達障害《はったつしょうがい》についての勉強会などを定期的《ていきてき》に開いています。

⬆Necco《ネッコ》カフェを紹介《しょうかい》するマンガ

⬅Necco《ネッコ》カフェのようす

ことばの解説《かいせつ》

発達障害《はったつしょうがい》

人は、いろいろな可能性《かのうせい》と個性《こせい》をもって生まれてきます。発達障害《はったつしょうがい》も、そうした可能性《かのうせい》や個性《こせい》のあらわれ方の1つと考えられています。代表的《だいひょうてき》なものとして、自閉症《じへいしょう》、アスペルガー症候群《しょうこうぐん》、学習障害《がくしゅうしょうがい》（LD《エルディー》）、注意欠如多動性障害《ちゅういけつじょたどうせいしょうがい》（AD《エーディー》/HD《エイチディー》）などがあげられます。

まわりの人たちだけでなく、自分自身もその特性《とくせい》を正しく理解《りかい》し、対応《たいおう》することによって、生活上で「困《こま》ること」が軽減《けいげん》されていくといわれています。

Necco《ネッコ》カフェを立ち上げた当事者《とうじしゃ》 金子磨矢子《かねこまやこ》さん のお話

わたしをふくめ、このカフェはみんな発達障害《はったつしょうがい》のある人たちで運営《うんえい》しています。これまで、医療機関《いりょうきかん》や教育機関《きかん》において子どもの発達障害《はったつしょうがい》へのさまざまなケアは行われてきていますが、大人の発達障害《はったつしょうがい》の問題にはなかなか手がつけられてきませんでした。

発達障害《はったつしょうがい》のある人は自分のことをまわりの人にカミングアウト※することがむずかしく、無《む》理《り》に自分のことをかくして苦しい思いをしている人がたくさんいます。このような「場」をきっかけに「自分らしさ」を認《みと》めあったり、ほかの人が楽になったエピソードなどを聞いたりして、明日を生きていく「ささえ」にしてもらえればと思います。

※カミングアウト＝これまでかくしてきた自分の障害《しょうがい》や特性《とくせい》について他人に明かすこと。

ワールド・ウォッチ　世界ではどうなっているの？

国連障害者《こくれんしょうがいしゃ》の権利条約《けんりじょうやく》

障害《しょうがい》のある人の尊厳《そんげん》と権利《けんり》を保障《ほしょう》するためにつくられた21世紀《せいき》では初《はつ》の国際人権法《こくさいじんけんほう》にもとづく条約《じょうやく》です。

⬆2006年8月25日、条約案《じょうやくあん》全文がニューヨーク国連《こくれん》本部（アメリカ合衆国《がっしゅうこく》）で採択《さいたく》されました

2001年から約《やく》5年間にわたり、国際連合《こくさいれんごう》（国連《こくれん》）では、障害《しょうがい》のある人の権利《けんり》に関《かん》する条約《じょうやく》（以下、国連障害者《こくれんしょうがいしゃ》の権利《けんり》条約）を制定《せいてい》するための話しあいが行われました。この話しあいには、世界各国《かっこく》からさまざまな障害《しょうがい》のある当事者《とうじしゃ》が集まり、多くの意見が盛《も》りこまれました。

障害者《しょうがいしゃ》の権利条約《けんりじょうやく》という名前から、「障害《しょうがい》のある人はかわいそうだから、特別《とくべつ》あつかいしてあげよう」という条約《じょうやく》であるように誤解《ごかい》する人がいるかもしれませんが、そうではありません。国連《こくれん》では、これまでさまざまな人権《じんけん》に関《かん》する条約《じょうやく》を制定《せいてい》してきましたが、どうしても障害《しょうがい》のある人が排除《はいじょ》されてしまったり、一般《いっぱん》の人と等《ひと》しい権利《けんり》を得《え》られないことが多かったため、新しい条約《じょうやく》が必要《ひつよう》であるということになったのです。

●なぜ障害《しょうがい》のある人の権利《けんり》は、長い間置《お》きざりにされてきたのか？

1）「障害《しょうがい》」というもののとらえ方

障害《しょうがい》を個人的《こじんてき》な問題としてだけとらえると、たとえば「“A《エー》さんは目が見えないから○○ができない”、つまり、“ふつうとちがうから、おとっている”」という考えにしばられ、障害《しょうがい》は克服《こくふく》されるべきものとしかみえなくなります。

しかし近年では、障害《しょうがい》を、その人とまわりの社会環境《かんきょう》との関係《かんけい》でとらえようという考え方が広まってきました。おもに障害《しょうがい》のない人を基本《きほん》につくられている社会のほうに問題があり、社会環境《かんきょう》のほうを臨機応変《りんきおうへん》につくり変えていく必要《ひつよう》があるのです。

2）障害《しょうがい》のある人たちの中でも、今まで声が反映《はんえい》されてこなかった人たち

これまで障害《しょうがい》のある人として認識《にんしき》されてきたのは、おもに視覚障害《しかくしょうがい》や聴覚障害《ちょうかくしょうがい》、肢《し》体《たい》不自由など身体的《しんたいてき》な障害《しょうがい》のある人が中心でした。最近研究《さいきんけんきゅう》が進んできた発達障害《はったつしょうがい》や学習障害《しょうがい》、精神障害《せいしんしょうがい》のある人たちの声は、法律《ほうりつ》や社会環境《かんきょう》の整備《せいび》などを論《ろん》じる場において、なかなか反映《はんえい》されてこなかったという歴史的《れきしてき》な事実があります。

そこで、国連《こくれん》で条約《じょうやく》を制定《せいてい》するための委員会に参加《さんか》した障害当事者《しょうがいとうじしゃ》たちは、次のことばを合いことばにしました。

Nothing《ナッシング》 about《アバウト》 us《アス》 without《ウィズアウト》 us《アス》!（わたしたちをぬきにして、わたしたちのことを決めないで！）

●条約《じょうやく》の第《だい》３条《じょう》にかかげられた８つの原則《げんそく》

2006年12月13日、国連総会《こくれんそうかい》において採択《さいたく》された「障害《しょうがい》のある人の権利《けんり》に関《かん》する条約《じょうやく》」の第《だい》３条《じょう》には、次の８つの原則《げんそく》がかかげられています。

①一人ひとりが大切な人間として認《みと》められます。また、自分の意見や決めたことが、大切にされます。

②差別《さべつ》をなくします。

③すべての人が、社会でいっしょにくらせるようにします。

④さまざまなちがいを大切にし、障害《しょうがい》も多様性《たようせい》の１つとして受けいれます。

⑤だれにも同じチャンスがあたえられます。

⑥アクセシビリティ（情報《じょうほう》や施設《しせつ》・サービスなどの利用しやすさ）が保障《ほしょう》されます。

⑦男も女も平等《びょうどう》です。

⑧障害《しょうがい》のある子どもの能力《のうりょく》をのばし、自分らしさを認《みと》められる権利《けんり》が尊重《そんちょう》されます。

2007年９月、日本もこの条約《じょうやく》に署名《しょめい》（公式な内容確認《ないようかくにん》）していますが、まだ批准《ひじゅん》（最終的《さいしゅうてき》に確認《かくにん》して条約《じょうやく》に制限《せいげん》されることに同意すること）をしていないので、残念《ざんねん》ながら国内ではまだ効力《こうりょく》を発揮《はっき》していません。しかし、厚生労働省《こうせいろうどうしょう》や法務省《ほうむしょう》などは、批准《ひじゅん》に向けた国内法《こくないほう》の整備《せいび》を始めています。

●障害者《しょうがいしゃ》の権利条約《けんりじょうやく》に署名《しょめい》・批准《ひじゅん》している国（2011年10月10日現在《げんざい》）

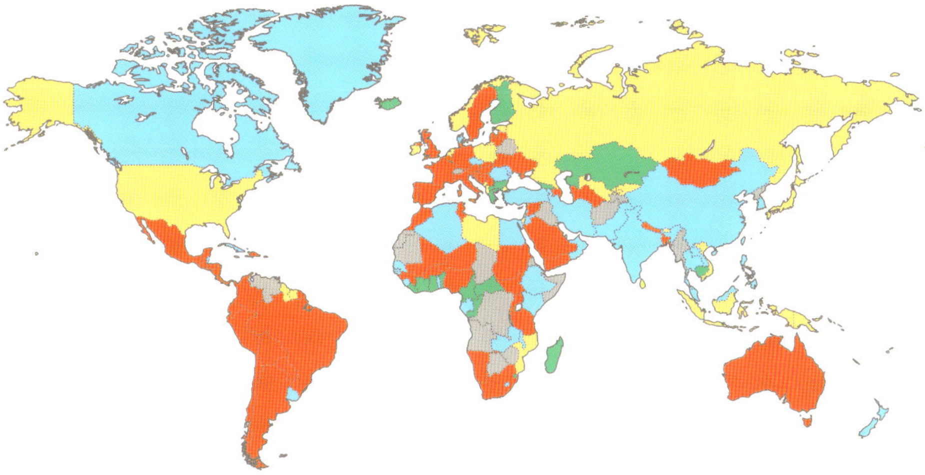

署名《しょめい》していない

条約《じょうやく》に署名《しょめい》

条約《じょうやく》と議定書《ぎていしょ》に署名《しょめい》

条約《じょうやく》を批准《ひじゅん》

条約《じょうやく》と議定書《ぎていしょ》を批准《ひじゅん》

議定書《ぎていしょ》：国際会議《こくさいかいぎ》で採択《さいたく》された決議内容《けつぎないよう》を記録《きろく》した文書。

条約《じょうやく》：２つ以上《いじょう》の国家が文書の形式により取りかわす国際《こくさい》的《てき》な合意、約束《やくそく》。

ことばの解説《かいせつ》

合理的配慮《ごうりてきはいりょ》

この条約《じょうやく》の中には、「合理的配慮《ごうりてきはいりょ》」ということばがたくさん使われています。

合理的配慮《ごうりてきはいりょ》とは、「障害《しょうがい》のある人が何か特定《とくてい》のことを行おうとするときに、その人の必要《ひつよう》に応《おう》じ制度《せいど》や設備《せつび》を変更《へんこう》したり、調整《ちょうせい》すること（ただし極端《きょくたん》に大きな負担《ふたん》のない範囲《はんい》で）」をいいます。

たとえば、弱視《じゃくし》（視力《しりょく》の弱い）児童《じどう》・生徒《せいと》のために、本人が読みやすい大きさや書体でレイアウトし直した教材《きょうざい》や試験《しけん》問題を用意することも、学校などの教育機関《きかん》ができる「合理的配慮《ごうりてきはいりょ》」にあたります。

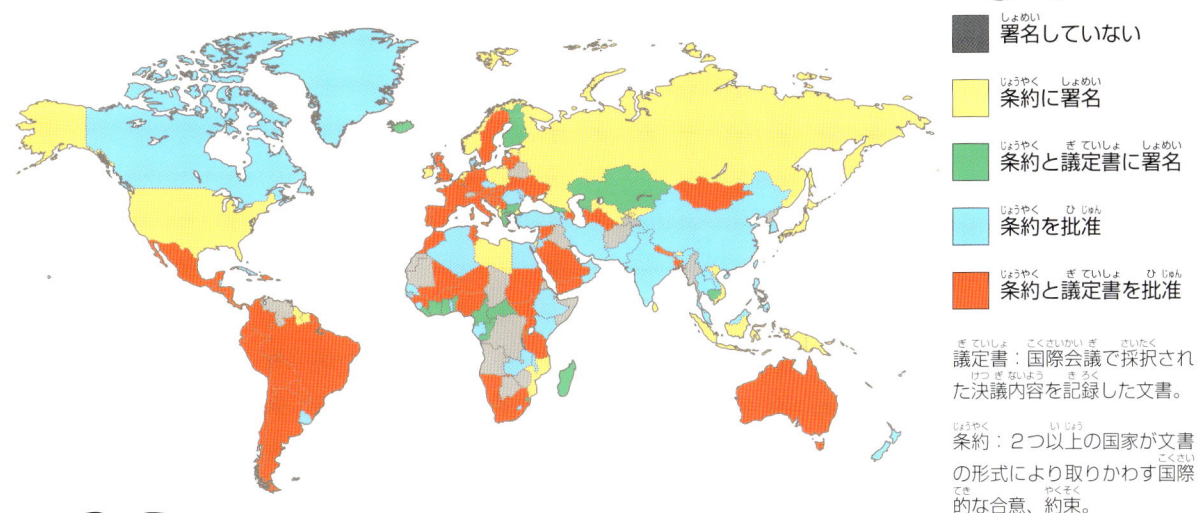

スポーツのかかわり方は人それぞれ

国やことばの壁《かべ》、年れいや障害《しょうがい》をこえて楽しむ

ねぇ、この服いいでしょ。山登り用のスポーツウエアなんだよ！ 最近《さいきん》はとくに、かっこよくてかわいいデザインのものがふえてるのよね。
お父さん、今日はリトルリーグの試合《しあい》、見に来てくれてありがとう。
お母さんは明日、太極拳《たいきょくけん》※の練習《れんしゅう》なの。おばあちゃんも、「太極拳《たいきょくけん》を始めてから体が元気になった」って言ってるの。いっしょに楽しんでくるわね。
ホームランが見られなくて残念《ざんねん》。でも、守備《しゅび》はがんばってたな！ 明日はお父さんのマラソン大会。応援《おうえん》に来てくれよな。おじいちゃんも、ランナーに水をわたす給水《きゅうすい》のボランティアをしてくれるんだ。

※太極拳《たいきょくけん》：健康法《けんこうほう》としても評価《ひょうか》されている、中国《ちゅうごく》の武術《ぶじゅつ》。

うちの家族は“スポーツ家族”だね！

スポーツは文化。その大きな力と可能性《かのうせい》

スポーツは、教育、政治《せいじ》・経済《けいざい》活動などと深く関《かん》係《けい》し、現代《げんだい》社会において重要《じゅうよう》な要素《ようそ》になっています。

スポーツのもつ多彩《たさい》な要素《ようそ》

スポーツには、球技《きゅうぎ》や水泳、陸上競技《りくじょうきょうぎ》、体操《たいそう》、格闘技《かくとうぎ》などいろいろな種類《しゅるい》があり、勝負や記録《きろく》を競《きそ》う競技《きょうぎ》スポーツから、健康《けんこう》な毎日やレクリエーションを目的《もくてき》とした生涯《しょうがい》スポーツなど参加《さんか》のしかたもさまざまです。

スポーツは年れいや性別《せいべつ》、障害《しょうがい》のあるなしなどにかかわらず、だれでもが豊《ゆた》かな毎日を送るための１つの楽しみとして参加《さんか》できる活動です。

また、国と国がスポーツを通して親善《しんぜん》交流する「スポーツ外交」という側面《そくめん》や、大きな国際《こくさい》スポーツ大会の開催《かいさい》は、社会の経済効果《けいざいこうか》を高める役割《やくわり》も果《は》たしています。

まめちしき

スポーツ基本法《きほんほう》

2011年に成立《せいりつ》した“スポーツの憲法《けんぽう》”ともいえる法律《ほうりつ》。スポーツとはどうあるべきかについて、日本国としての考え方や姿勢《しせい》を示《しめ》しています。スポーツは文化であり、すべての人が楽しむ権利《けんり》を認《みと》め、障害者《しょうがいしゃ》スポーツの支援《しえん》や市民《しみん》が親しむ地域《ちいき》スポーツの推進《すいしん》なども盛《も》りこまれています。

http://www.mext.go.jp/a_menu/sports/kihonhou/index.htm

⬆ワールドゲームズのフライングディスク競技《きょうぎ》のようす
©石井哲

国と国、人と人が出会い競《きそ》う、おもな国際《こくさい》スポーツ大会

●国やことばの壁《かべ》をこえて

さまざまな国の人たちとスポーツの技《わざ》を競《きそ》ったり交流したりできます。

オリンピック：国際《こくさい》オリンピック委員会（IOC《アイオーシー》）が開く国際総合《こくさいそうごう》競技《きょうぎ》大会。夏季《かき》大会と冬季《とうき》大会があり、それぞれ４年に一度、開かれる。近代オリンピックはピエール・ド・クーベルタンの意見により1896年に開かれたアテネ（ギリシア）大会が第1回となる。

ワールドゲームズ：オリンピックで行われない競技《きょうぎ》・種目《しゅもく》を対《たい》象《しょう》に夏季《かき》オリンピックの次の年に開かれる大会。主催《しゅさい》は国際《こくさい》ワールドゲームズ協会《きょうかい》（IWGA《アイダブリュジーエー》）。

ユニバーシアード：全世界の学生（開催《かいさい》年の１月１日現在《げんざい》で17才以上28才未満《みまん》）を対象《たいしょう》にした国際総合競技《こくさいそうごうきょうぎ》大会。主催《しゅさい》は国際《こくさい》大学スポーツ連盟《れんめい》（FISU《エフアイエスユー》）。２年に一度、夏季《かき》と冬季《とうき》の両大会が開かれる。

ワールドカップ／世界選手権《せんしゅけん》：複数《ふくすう》の競技《きょうぎ》を一度に開催《かいさい》するオリンピックとちがい、単一《たんいつ》の競技《きょうぎ》だけで開く国際《こくさい》大会。サッカーは４年に一度、水泳は２年に一度など、競技《きょうぎ》ごとに開催《かいさい》年や開催《かいさい》場所なども異《こと》なる。スキー、バレーボール、柔道《じゅうどう》などもある。

まめちしき

卓球《たっきゅう》で国と国をつないだ荻村伊智朗《おぎむらいちろう》さん

1954年、1956年と卓球《たっきゅう》の世界選手権《せんしゅけん》チャンピオンになり、引退後《いんたいご》は国際卓球連盟《こくさいたっきゅうれんめい》会長も務《つと》めた荻村《おぎむら》伊智朗《いちろう》さんは、朝鮮戦争《ちょうせんせんそう》（1950～53年）後も南北に分かれたままとなった韓国《かんこく》・北朝鮮《きたちょうせん》に何度も足を運び、1991年の世界卓球選手権《たっきゅうせんしゅけん》千《ち》葉《ば》大会で北朝鮮《きたちょうせん》・韓国《かんこく》の南北統一《とういつ》「コリア」チーム結成《けっせい》にこぎつけます。女子団体戦優勝《だんたいせんゆうしょう》の表彰式《ひょうしょうしき》には、朝鮮《ちょうせん》の民謡《みんよう》アリランが流れました。

●障害《しょうがい》をこえて

身体《しんたい》に障害《しょうがい》のある人も、さまざまな形でスポーツ活動に参加《さんか》し、楽しむことができます。

パラリンピック：身体障害者《しんたいしょうがいしゃ》を対象《たいしょう》とした競技会《きょうぎかい》としては世界最高《さいこう》峰《ほう》の大会。国際《こくさい》パラリンピック委員会（IPC《アイピーシー》）が主催《しゅさい》。オリンピックと同じ年、同じ場所で開催《かいさい》。もともと「半身が不自由な人たちのオリンピック」という意味だったが、1988年以降《いこう》はパラレル（平行の）＋《プラス》オリンピックの造語《ぞうご》「もう１つのオリンピック」の意味になった。

⬆2004年アテネパラリンピック車いす女子5000メートルのようす。土《つち》田《だ》和《わ》歌《か》子《こ》選手《せんしゅ》は、このレースで金メダルを獲得《かくとく》した　©越智貴雄 /カンパラプレス

デフリンピック：聴覚障害《ちょうかくしょうがい》のある人のための国際総合競技《こくさいそうごうきょうぎ》大会。国《こく》際《さい》ろう者スポーツ委員会（ICSD《アイシーエスディ》）が主催《しゅさい》。４年に一度、夏季《かき》と冬季《とうき》の両大会が開かれる。名称《めいしょう》はデフ（ろう者※）＋《プラス》オリンピックから。1924年フランスで始まり、障害者《しょうがいしゃ》の国際《こくさい》スポーツ大会としては最古《さいこ》の歴史《れきし》をもつ。大会では情報《じょうほう》の伝達《でんたつ》はすべて国際手話《こくさいしゅわ》で行われ、競技《きょうぎ》中の補聴器《ほちょうき》着用は禁止《きんし》、スタートの合図はランプ点灯《てんとう》など視覚的《しかくてき》にくふうされる以外《いがい》は、競技《きょうぎ》はオリンピックと同じルールで運営《うんえい》される。

※ろう者：聴覚《ちょうかく》に障害《しょうがい》のある人

スペシャルオリンピックス：1968年にアメリカ合衆国《がっしゅうこく》で設立《せつりつ》された国際組織《こくさいそしき》で、スポーツを通じて知《ち》的障害《てきしょうがい》のある人たちの自立や社会参加《さんか》を目的《もくてき》とする。「スペシャルオリンピックス」と複数形《ふくすうけい》になっているのは、夏季《かき》・冬季《とうき》の世界大会に限《かぎ》らず、日常的《にちじょうてき》なスポーツ活動が「いつもどこかで行われている」ことを意味している。

スポーツの楽しみ方、かかわり方はいろいろ

スポーツにはどんな楽しみ方、かかわり方があるのでしょう？　プロのサッカーチームの試合《しあい》のようすをのぞいて、確認《かくにん》してみましょう。

テレビ／ラジオのアナウンサー：
試合《しあい》のようすを放送によって「伝《つた》える」ことで、「みる」ことにかかわっているよ。

ボランティア：
出入り口管理《かんり》や場内整理《せいり》、試合終了《しあいしゅうりょう》後の掃除《そうじ》など、さまざまな仕事を分担《ぶんたん》しながら、試合《しあい》が順調《じゅんちょう》に行われるように「ささえ」ているよ。

ウエアや道具のメーカー：
サッカーに必要なモノ（ユニフォーム、ボール、スパイクシューズなど）を作ることで、選手《せんしゅ》を「ささえ」ているね。

チームスタッフ：
ドクターやトレーナーなど、選手《せんしゅ》の高い運動能力《のうりょく》を、身体《しんたい》のケアという面から「ささえ」ているんだ。

スポンサー：
イベントやチームと契約《けいやく》を結《むす》び、その運営《うんえい》を資金的《しきんてき》に「ささえる」ことで、ユニフォームに会社名を入れたり、試合《しあい》会場に広告看板《こうこくかんばん》を出したりして宣伝《せんでん》することができるよ。会社名や商品《しょうひん》名がスポーツイベントの感動や思い出とともに、試合《しあい》をみている人たちの印象《いんしょう》に残す効果《こうか》があるんだ。

監督《かんとく》・コーチ：
選手《せんしゅ》を指導《しどう》・管理《かんり》しながらチームをまとめ、選手《せんしゅ》がサッカーを「する」ことを助けているね。

カメラマン：
試合《しあい》のようすを写真や映像《えいぞう》によって「伝《つた》える」ことで、「みる」ことにかかわっているよ。

スポーツは、実際《じっさい》に「する」だけでなく、「みる」「ささえる」「応援《おうえん》する」「伝《つた》える」「教える」「着る」「つくる」「読む」……さまざまなかかわり方があります。自分の興味《きょうみ》や得意《とくい》なことをもとに、まずは「やってみたい」「できそうだな」と思うことから始めればいいのです。

観客《かんきゃく》／応援団《おうえんだん》（サポーター）：
スタジアムで応援《おうえん》しながらみたり、テレビで中継《ちゅうけい》番組をみたりするほか、ラジオで聞いたり、試合《しあい》後にスポーツニュースなどで結果《けっか》をチェックすることも「みる」といえるね。
「応援《おうえん》する」ことやチームユニフォームを「着る」ことで、好《す》きなチームを「ささえ」ているよ。
グラウンドキーパー：
スタジアムの芝生《しばふ》をよい状態《じょうたい》に保《たも》つことで、選手《せんしゅ》の高いパフォーマンスを「ささえ」、けがの防止《ぼうし》に役立っているよ。
記者：
試合《しあい》のようすを新聞や雑誌《ざっし》、ウェブサイトなどに書いて「伝《つた》える」ことで、「みる」ことにかかわっているよ。
レフェリー（審判《しんぱん》）：
ルール通りに試合《しあい》が行われているか管理《かんり》する人。試合《しあい》がスムーズに流れることで選手《せんしゅ》のプレイだけでなく、観客《かんきゃく》が試合《しあい》を楽しく「みる」ことも助けているね。
選手《せんしゅ》：
プロとして高いレベルの試合《しあい》を「する」ために、身体《しんたい》のケアも行いながら、きびしい練習《れんしゅう》をがんばっているよ。

●**する：**身体《しんたい》を動かしてスポーツを「する」人と、直接《ちょくせつ》かかわる人たちをふくんでいます。

●**みる：**実際《じっさい》にスポーツを「みる」ことから、「みる」ことを助ける活動などもふくんでいます。

●**ささえる：**スポーツを「ささえる」活動は、運営《うんえい》を資金的《しきんてき》にささえること、選手《せんしゅ》の精神《せいしん》・身体《しんたい》面《めん》のケア、用具の開発、応援《おうえん》すること、メディアで伝《つた》えることなど、とても幅《はば》広いものです。

「障害者《しょうがいしゃ》のスポーツ」から、「みんなのスポーツ」へ

高橋《たかはし》 明《あきら》さん

（NPO法人《エヌピーオーほうじん》アダプテッドスポーツ・サポートセンター理事長）

わたしは、障害者《しょうがいしゃ》のスポーツにかかわって約《やく》40年になります。障害者《しょうがいしゃ》というと、どうしても障害《しょうがい》の部分に目がいき、「できないこと」を考えてしまいがちです。でも、だれにでも身体的《しんたいてき》な特徴《とくちょう》や、得意《とくい》なことと不得意《ふとくい》なことがあるように、障害《しょうがい》も特徴《とくちょう》や特性《とくせい》、個性《こせい》だととらえて、「何ができるか」のほうに目を向けてほしいですね。障害者《しょうがいしゃ》のスポーツを見ると、「だれにでも可能性《かのうせい》がある」ことがよくわかります。

障害《しょうがい》とは、「目が見えない」「足が動かない」ことだけでなく、見えない、歩けないことから生まれる「不便《ふべん》さ」のこと。不便《ふべん》さはちょっとくふうすると解消《かいしょう》できます。たとえば、バレーボールでは中学生用のネットは大人用より低《ひく》くして、身長が低《ひく》くても競技《きょうぎ》しやすくしています。体重別《たいじゅうべつ》で行われる柔道《じゅうどう》などもあるように、さまざまなスポーツで体格《たいかく》や体力、年れいや性別《せいべつ》、技《ぎ》術《じゅつ》などのちがいをカバーしてより多くの人が楽しめるように用具やルールがくふうされてきました。障害者《しょうがいしゃ》のスポーツも同じです。「障害者《しょうがいしゃ》スポーツ」という特別《とくべつ》なスポーツがあるわけでなく、プレイする上で不便《ふべん》な点を創意工夫《そういくふう》によって障害《しょうがい》があっても楽しめるようにしているだけです。

まずは、障害者《しょうがいしゃ》のスポーツを見てください。どんな競技《きょうぎ》でもかまいません。「へ～、こんなこともできるんだ」ときっと気づくはずです。また、障害《しょうがい》のある人とできるだけ接《せっ》してみてください。すると、一口《ひとくち》に障《しょう》害《がい》といっても、いろいろちがいがあることがよくわかると思います。そして、「どんなくふうをすれば、いっしょに楽しめるかな」と考えてみる。パラリンピック大会の父といわれるルートヴィヒ・グットマン博《はく》士《し》（1899～1980年）は、「失った機能《きのう》を数えるな。残った機能《きのう》を最大限《さいだいげん》に生かそう」と車いすを使っている人を力づけたそうです。思いめぐらす「想像力《そうぞうりょく》」と、創《つく》りだす「創造力《そうぞうりょく》」という「2つのソウゾウ力」を働《はたら》かせることが大切です。

ところで、「アダプテッドスポーツ」ということばを聞いたことがありませんか？「アダプト（adapt）」は、英語で「適応《てきおう》させる」という意味。子どもやお年寄《としよ》りのスポーツは、それぞれの体格《たいかく》や体力などが考慮《こうりょ》されています。障害《しょうがい》があっても活用できる能力《のうりょく》を生かしてプレイできるようにくふうしたのが「アダプテッドスポーツ（adapted sports）」です。スポーツ基本《きほん》法《ほう》にも障害者《しょうがいしゃ》のスポーツ参加《さんか》を推進《すいしん》することが盛《も》りこまれましたが、今後、「障害者《しょうがいしゃ》のためのスポーツ」が、「障害《しょうがい》がある人もいっしょに楽しめるスポーツ」へとどんどん広がっていくことを願《ねが》っています。

高橋明《たかはしあきら》さんは、1994年リレハンメル（ノルウェー）冬季《とうき》パラリンピック日本選手団総監督《せんしゅだんそうかんとく》、2000年シドニー（オーストラリア）夏季《かき》パラリンピック車いすバスケットボール全日本チーム総監督《そうかんとく》などを歴任《れきにん》しているんだよ。

みんなでやってみよう！　アダプテッドスポーツ

アダプテッドスポーツは、年れいや性別《せいべつ》、障害《しょうがい》のあるなしにかかわらず、だれもが楽しめるように、ルールや用具をそれぞれに合わせてくふうしたり、新しく考えだされたスポーツです。ここでは、ほんの一部を紹介《しょうかい》します。

●ゴールボール

視覚障害《しかくしょうがい》のある人向けに考案《こうあん》された球技《きゅうぎ》。コートは、バレーボールと同じ大きさで、両エンドにサッカーゴールに似《に》たゴールポストが設《もう》けられたコートを使います。1チーム3人ずつで、攻撃側《こうげきがわ》が鈴《すず》の入ったゴム製《せい》のボールを転《ころ》がして、守備側《しゅびがわ》のコートのゴールラインをこえると1点入ります。パラリンピックの正式種目《しゅもく》です。

〈おもなルール〉

◦ 公平にするため、選手《せんしゅ》は全員、目の上にガーゼの眼帯《がんたい》をし、さらに黒色のアイシェード（目かくし）を着けなければならない（このルールによって、視覚障害《しかくしょうがい》のない人もいっしょにプレイすることができる）。
◦ 公式試合《しあい》は前半・後半10分ずつにハーフタイム３分。延長《えんちょう》は、前半・後半3分ずつの間に先に得点《とくてん》したほうが勝ち。

日本ゴールボール協会《きょうかい》
http://www5f.biglobe.ne.jp/~JGBA/

●ボッチャ

二手《ふたて》に分かれ、各《かく》チームが赤か青のボールを6球ずつ投げたり転《ころ》がしたり、相手ボールに当てたりしながら、目標《もくひょう》である白いボール（ジャックボール）にどれだけ近づけるかを競《きそ》います。対戦《たいせん》のしかたには、１対１の個人戦《こじんせん》、２対２のペア戦《せん》、３対３の団体戦《だんたいせん》があります。もともと、重度《じゅうど》の脳性《のうせい》まひや、手足に機能障害《きのうしょうがい》のある人のために考案《こうあん》されたスポーツで、パラリンピックの正式種目《しゅもく》です。

〈おもなルール〉

◦ 各チームが６ボールずつ投げた後、ジャックボールにもっとも近いボールのチームに得点《とくてん》が入る（たとえばジャックボールに一番近い赤ボールの内側《うちがわ》に青が２個《こ》あれば、青チームに２点入る）。
◦ 障害《しょうがい》によって自力でボールが投げられない人でも、補助《ほじょ》具《ぐ》（ランプス）を使ったり、介助者《かいじょしゃ》の助けを借《か》りたり、足でけったりしてプレイできる。

日本ボッチャ協会《きょうかい》
http://www.boccia.gr.jp/

アダプテッドスポーツは、ほかにもたくさんあるよ。たとえば……
バッティングティーとよばれる細長い台の上に置いたボールを打つ野球に似《に》たスポーツ「ティーボール」（日本ティーボール協会《きょうかい》　http://www.teeball.com/）
鈴《すず》を２個《こ》入れた直径《ちょっけい》40センチメートルのゴムふうせんを使う「ふうせんバレーボール」（ふうせんバレーボール振興《しんこう》委員会　http://www13.ocn.ne.jp/~fusen238/）
いろいろ調べて、やってみてね！

だれもが自分らしく働《はたら》ける社会

多様性《たようせい》が会社や地域《ちいき》の活力を生みだす

社会に出て、みんなはなんのために働《はたら》いているの？

下のグラフは、これから社会に出て働《はたら》く新入社員の人たちへ、毎年「あなたの働《はたら》く目的《もくてき》はなんですか？」ときいた答えの移《うつ》り変《か》わりを示《しめ》しています。

働《はたら》く目的《もくてき》って
人によって
ちがうんだね。

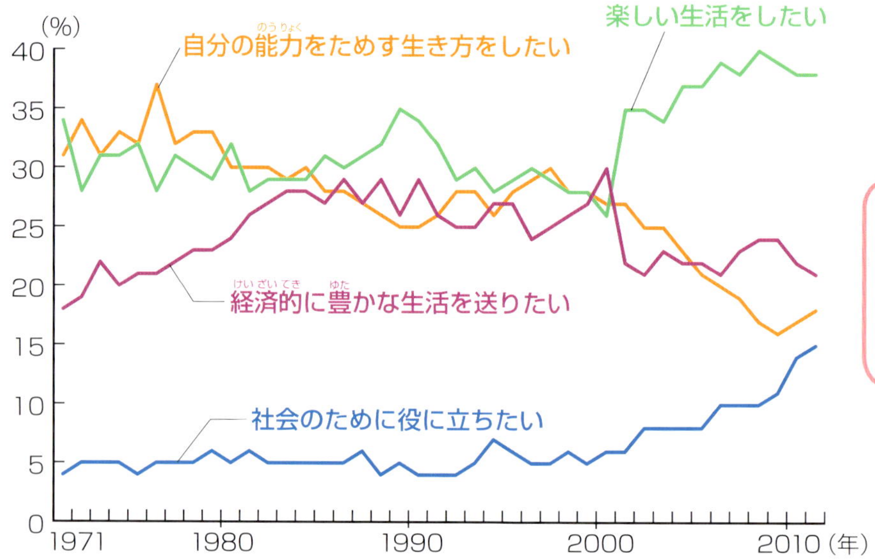

(%)
40
35
30
25
20
15
10
5
0
1971
1980
1990
2000
2010（年）
自分の能力《のうりょく》をためす生き方をしたい
楽しい生活をしたい
経済的《けいざいてき》に豊《ゆた》かな生活を送りたい
社会のために役に立ちたい

出所：日本生産性本部《せいさんせいほんぶ》 「働《はたら》くことの意識《いしき》」調査《ちょうさ》

やっぱり、お金を
かせいだ分だけ、
楽しいくらしが
したいよね。

最近《さいきん》は、社会に役立つ仕事を
したいという人がふえているわ。

2011年春の意識調査《いしきちょうさ》では、「仕事を通じてかなえたい夢《ゆめ》がある」と答えた人は、女性《じょせい》73.4パーセント、男性《だんせい》70.5パーセントでした。仕事で夢《ゆめ》をかなえたいという女性《じょせい》が男《だん》性《せい》を上まわり、過去最高《かこさいこう》の結果《けっか》になりました。

江戸《えど》時代から現代《げんだい》までの労働《ろうどう》の歴史《れきし》

江戸《えど》時代、人びとは生まれつき「武士《ぶし》・百姓《ひゃくしょう》・町人（職人《しょくにん》・商人《しょうにん》）」の身分が定められていました。職業《しょくぎょう》を自由に選《えら》べるようになったのは、身分制度《せいど》が廃止《はいし》された明治《めいじ》時代からです。

明治《めいじ》時代になると工業化が進み、次つぎと会社が誕生《たんじょう》します。工場や会社で働《はたら》く人がふえましたが、大半の人は農業《のうぎょう》や商業《しょうぎょう》を自分で営《いとな》んでいました。

会社に勤《つと》める働《はたら》き方が広まったのは、第二次世界大戦後《たいせんご》です。学校にいる間に就職《しゅうしょく》活動をし、卒業《そつぎょう》するとすぐに入社するしくみが確立《かくりつ》しました。高度《こうど》経済成長期《けいざいせいちょうき》（1950年代後半～1970年代前半）には、勤《つと》めた年数が長くなるほど給料《きゅうりょう》が上がる制度《せいど》も広まりました。その結果《けっか》、定年まで同じ会社に勤《つと》める働《はたら》き方が定着しました。

ほとんどの人が会社で
働《はたら》くようになったのは、
みんなのおじいちゃん、
おばあちゃんの世代
以降《いこう》なんだよ。

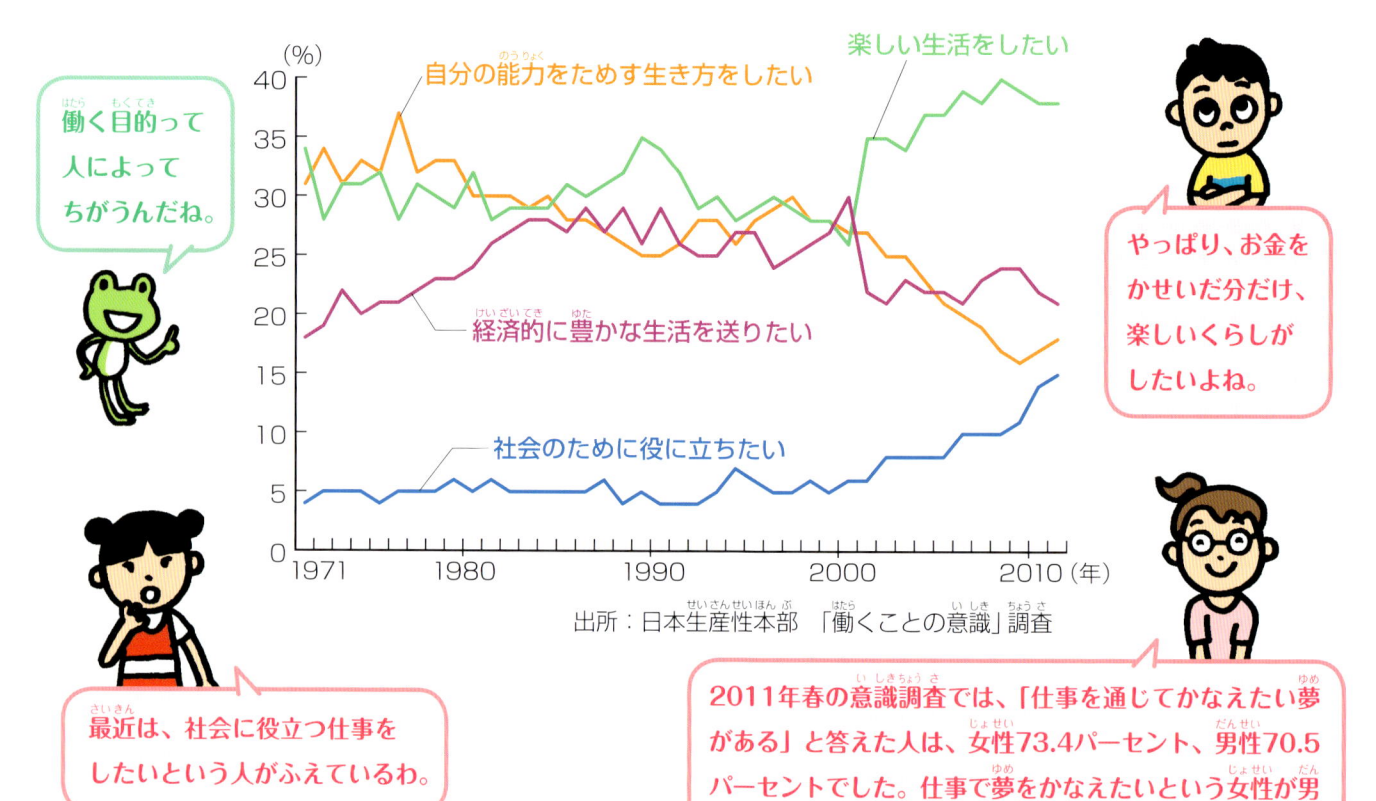

日本の働《はたら》く場は今どうなっているの？

会社に勤《つと》める人の割合《わりあい》は年々《ねんねん》ふえ、現在《げんざい》は全体の90パーセント近くをしめています。しかし、会社での働《はたら》き方はみんな同じではありません。

会社には大きく分けて正規雇用《せいきこよう》の正社員と非正《ひせい》規雇用《きこよう》の非《ひ》正社員がいます。非正規雇用《ひせいきこよう》には、一般《いっぱん》に正社員と比《くら》べ給料《きゅうりょう》が低《ひく》い、長く安定して働《はたら》くことがむずかしいなどの短所、自分で仕事の内容《ないよう》を限定《げんてい》し労働《ろうどう》時間を決めやすいなどの長所があります。

最近《さいきん》は経済《けいざい》活動が不活発なため、正社員の仕事につくことがむずかしくなり、非《ひ》正社員がふえています。さまざまな働《はたら》き方が広がる今、一人ひとりにあった働《はたら》く環境《かんきょう》づくりが求《もと》められています。

●人はどのような働《はたら》き方をしているか

出所：総務省《そうむしょう》「労働力調査《ろうどうりょくちょうさ》」

●働《はたら》き方の内訳《うちわけ》

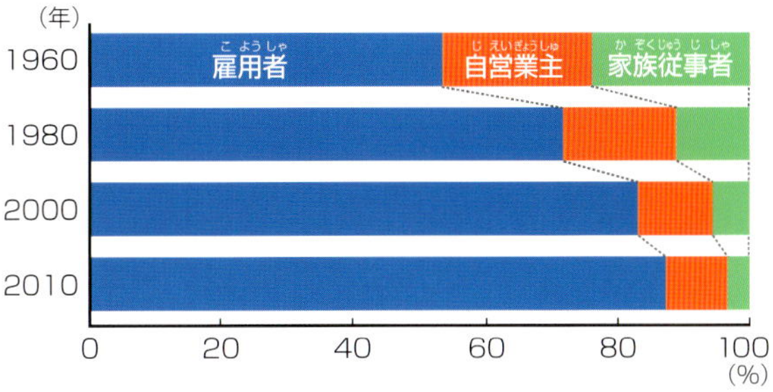

(年)
1960
1980
2000
2010
雇用者《こようしゃ》
自営業主《じえいぎょうしゅ》
家族従事者《かぞくじゅうじしゃ》
0
20
40
60
80
100
(%)

●雇用者《こようしゃ》（ほかの人に雇《やと》われて働《はたら》く人）の内訳《うちわけ》

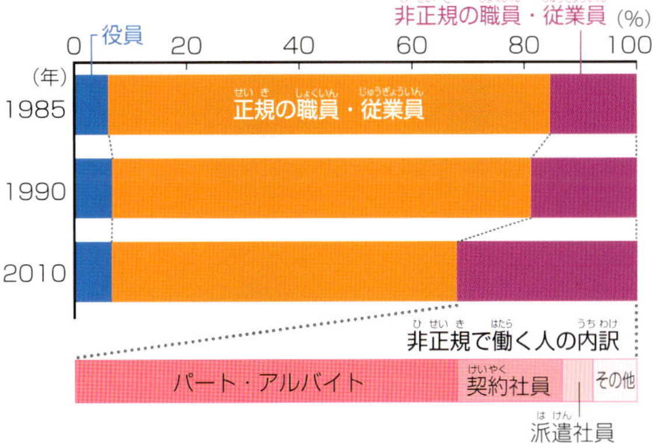

非正規《ひせいき》の職員《しょくいん》・従業員《じゅうぎょういん》
(%)
0
役員
20
40
60
80
100
(年)
1985
1990
2010
正規《せいき》の職員《しょくいん》・従業員《じゅうぎょういん》
非正規《ひせいき》で働《はたら》く人の内訳《うちわけ》
パート・アルバイト
契約社員《けいやくしゃいん》
その他
派遣社員《はけんしゃいん》

ことばの解説《かいせつ》

労働《ろうどう》に関《かん》することば

正規雇用《せいきこよう》：特定《とくてい》の会社と期間を定めずに契約《けいやく》し、毎日《まいにち》決まった時間を働《はたら》く人。働《はたら》く側《がわ》の利点《りてん》は、経済的《けいざいてき》に生活が安定する、社会人として長《ちょう》期的《きてき》な育成《いくせい》をしてもらえるなど

雇用者《こようしゃ》：他人に雇《やと》われ、労働《ろうどう》の対価《たいか》（お金）を得《え》ている人

自営業主《じえいぎょうしゅ》：農家《のうか》や商店《しょうてん》など、個人《こじん》で事業《じぎょう》を営《いとな》んでいる人

家族従事者《かぞくじゅうじしゃ》：自営業主《じえいぎょうしゅ》の家族で、その仕事を手伝《てつだ》っている人

役員：会社の中心となって経営《けいえい》や業務《ぎょうむ》などを決める人

契約《けいやく》社員：特定《とくてい》の会社と働《はたら》く期間を区切って契約《けいやく》し、毎日決まった時間を働《はたら》く人

派遣《はけん》社員：派遣《はけん》会社をとおして会社と短い期間（だいたい3カ月〜半年）の契約《けいやく》を結《むす》び、働《はたら》く人

パート・アルバイト：正社員よりも1週間の労働《ろうどう》時間が短い（35時間未満《みまん》の）人

インタビュー

いい会社とは、働《はたら》く人の多様性《たようせい》を尊重《そんちょう》している会社です

坂本光司《さかもとこうじ》さん（法政大学大学院政策創造研究科教授《ほうせいだいがくだいがくいんせいさくそうぞうけんきゅうかきょうじゅ》）

今まで全国 6,600 社あまりの会社を見てきたわたしが言えるのは、多様性《たようせい》がある会社は必《かなら》ず活気があり、業績《ぎょうせき》もよいということです。ではなぜ、多様性《たようせい》があるといいのでしょうか。

多様性《たようせい》があるということは、「働《はたら》いている人を大切にしている」ということの証《あかし》です。一人ひとりのちがいを認《みと》め、その人ならではの能力《のうりょく》を引きだしてあげる。そこに、男女や年れい、国籍《こくせき》、障害《しょうがい》があるかないか、正規《せいき》か非正規《ひせいき》かといった区別《くべつ》はありません。社員は一人の人間として認《みと》められているからこそ会社を信頼《しんらい》し、お客さんを感動させる商品やサービスを、胸《むね》を張《は》って提供《ていきょう》できるのです。

会社をささえているのは、大きく分類《ぶんるい》すると、社員とその家族、下請《したう》け会社（ある会社の仕事の全部または一部を引き受ける会社）の社員、お客さん、地域《ちいき》の人、会社の運営資金《うんえいしきん》を出している株主《かぶぬし》の5者です。これらささえてくれる人たちを幸せにする会社は、これまでの歴史上《れきしじょう》つぶれたことがありません。つまり会社の経営《けいえい》とは、まわりの人を幸せにする活動なのです。

働《はたら》きやすい環境《かんきょう》をつくりだす会社って？

働《はたら》く人はだれもが自分の能力《のうりょく》を生かし、いきいきと仕事をしたいと願《ねが》っています。そんな願《ねが》いをかなえるために、働《はたら》きやすい環境《かんきょう》づくりに取り組む会社があります。

知的障害《ちてきしょうがい》の人たちが働《はたら》く日本一のチョーク工場

チョークの生産《せいさん》で日本一をほこる日本理化《にほんりか》学工業《がくこうぎょう》※では、従業員《じゅうぎょういん》の70パーセント以上《いじょう》が知的障害《ちてきしょうがい》のある人たちです。読み書きや計算が苦手な人たちがたくさん働《はたら》いていますが、さまざまなくふうによって、サイズがそろった質《しつ》の高いチョークを作りつづけています。

※神奈川県川崎市《かながわけんかわさきし》、北海道美唄市《ほっかいどうびばいし》に工場がある。

みなさんが働《はたら》くチョーク工場を見学してきました!

スタート 1

材料《ざいりょう》の炭酸《たんさん》カルシウムとのりを混《ま》ぜて、よ～くねります。

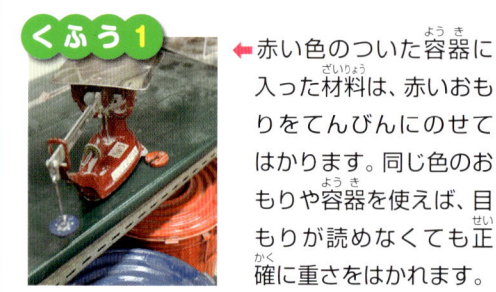

2

機械《きかい》から出てきたひも状《じょう》のチョークをとって、まっすぐに並《なら》べます。

ここがポイント

くふう1

赤い色のついた容器《ようき》に入った材料《ざいりょう》は、赤いおもりをてんびんにのせてはかります。同じ色のおもりや容器《ようき》を使えば、目もりが読めなくても正《せい》確《かく》に重さをはかれます。

くふう2

時計が読めない人のために、砂時計《すなどけい》を使って、機械《きかい》を動かす時間をはかっています。また、アラームを使って作業《さぎょう》する時間を知らせるくふうもしています。

くふう3

チョークを入れるだけで、長さや太さ、曲がりがひと目でわかる道具を作りました。完成《かんせい》したチョークをこのケースに入れ、みぞの底《そこ》に落ちずにピタッとはまればOK《オーケー》です。

3

切断機《せつだんき》で、チョークの長さに切ります。はしはフォークを使い、きれいに切って整《ととの》えます。

4

乾燥機《かんそうき》で乾燥《かんそう》させたチョークを、曲がったものや欠《か》けたものがないか、しっかり確認《かくにん》します。

5

チョークの粉《こな》が使う人の手につかないようコーティング液《えき》につけるため、特殊《とくしゅ》なクリップに、チョークをどんどんはさんでいきます。その後また、チョークを乾燥《かんそう》させます。

6

波形《なみがた》のプラスチックケースを使えば、1箱に入れる本数を数えなくてもそろえることができます。

班長《はんちょう》さんや長く働《はたら》いているベテランの人たちが、ほかの人たちの面倒《めんどう》をみながら作業《さぎょう》をしていたよ。働《はたら》く環境《かんきょう》をもっとよくするために会議《かいぎ》を開いて、みんなで意見を出しあってルールを決めているんだって。

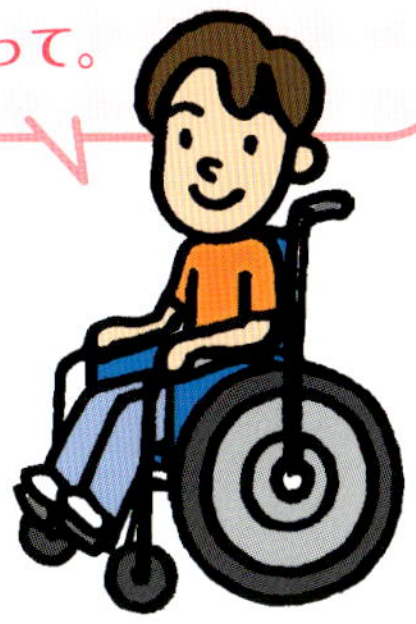

7

最後《さいご》までしっかりチェックをしながら、チョークを箱につめていきます。

8

完成《かんせい》です

国は、従業員《じゅうぎょういん》が56人以上《いじょう》の民間企業《みんかんきぎょう》に対して、その会社で働《はたら》く全人数の1.8パーセント（100人の会社なら1～2人）は、障害《しょうがい》のある人を雇《やと》うということを義務《ぎむ》づけているんだ。でも、まだ半数以上《いじょう》の企業《きぎょう》が達成《たっせい》できていないんだよ。

インタビュー

障害者《しょうがいしゃ》の人たちに、働《はたら》く幸せを教えてもらいました

大山泰弘《おおやまやすひろ》さん (日本理化学工業《にほんりかがくこうぎょう》 会長)

知的障害《ちてきしょうがい》のある人が工場で働《はたら》くようになったのは、今から 50 年以上《いじょう》も前のことです。養護《ようご》学校の先生から熱心《ねっしん》に頼《たの》まれ、とりあえず 2 人の女の子に 2 週間だけ働《はたら》いてもらうことになりました。

2 人は、いっしょうけんめいラベルはりの仕事に取り組みました。その姿《すがた》に心を打たれた社員たちは、「自分たちが面倒《めんどう》をみるから、2 人を雇《やと》ってあげてほしい」と言いました。こうして 2 人が正式に働《はたら》くようになり、その後だんだんと人数がふえていったのです。

知的障害《ちてきしょうがい》の人を雇《やと》ってわかったことは、人はだれでも役に立つ能力《のうりょく》を、何かもっているということです。大切なのは、その人の今ある理解力《りかいりょく》で仕事ができるようにしてあげること。「目もりの数字が読めないからダメ」ではなく、色がわかれば、色合わせでできるようにする。役に立つ働《はたら》きができるようになり、まわりから「ありがとう」と感謝《かんしゃ》されれば、その人はうれしくてもっとがんばって働《はたら》くようになります。こうして働《はたら》く幸せを感じられる場をつくっていくことが大事なのです。

地域《ちいき》の人のつながりが働《はたら》く場をつくりだす

地域《ちいき》の人とのつながりをとおして、自分にできることをみつける。地域《ちいき》に根ざして、自《みずか》ら仕事をつくりだしていく働《はたら》き方を選《えら》ぶ人が少しずつふえています。

買い物だけじゃない！　人が集《つど》い、自由につながりあえる場所をつくる

鹿児島県《かごしまけん》鹿児島市《かごしまし》にあるマルヤガーデンズは2010年、人と人、モノと人とをつなぐ新しいかたちの商業施設《しょうぎょうしせつ》として、閉店《へいてん》した百貨店《ひゃっかてん》の跡地《あとち》に誕生《たんじょう》しました。館内には、地域《ちいき》の人が利用《りよう》できる「ガーデン」とよばれるコミュニティスペースがいくつもあります。ガーデンで開かれるワークショップやコンサート、展覧会《てんらんかい》などのもよおしをとおして、地域《ちいき》の人が出会い、人の輪《わ》、仕事の輪《わ》が広がっています。

毎週末《まいしゅうまつ》に登場《とうじょう》する、地元野菜《やさい》を販売《はんばい》する名物コーナー。不登校《ふとうこう》やひきこもりの子どもたちを支援《しえん》しているNPO《エヌピーオー》法人《ほうじん》（特定非営利活動法人《とくていひえいりかつどうほうじん》）※「麻姑《まこ》の手村」の人たちが、自分たちで作った野菜《やさい》や、家庭菜園《さいえん》をやっている人たちから仕入れた農作物を売っています。お客さんの7～8割《わり》が常連《じょうれん》で、買いに来るのを楽しみにしているお年寄《としよ》りもたくさんいます。野菜《やさい》を作る人、売る人、買う人のみんなが、この場をとおして元気をもらっています。

地域《ちいき》で活動している団体《だんたい》の発表の場としても使われています。写真は、自然体験《しぜんたいけん》をとおして環境《かんきょう》について考えるNPO《エヌピーオー》法人《ほうじん》「くすの木自然館《しぜんかん》」のワークショップのようすです。

食料品《しょくりょうひん》売り場の横にあるキッチンスペースは、地域《ちいき》の人たちの意見を取り入れてできました。有名店のケーキ屋さんをはじめ、地域《ちいき》の人が先生になって、料理《りょうり》教室を開いています。

地域《ちいき》の人たちが参加《さんか》し、マルヤガーデンズの見どころや鹿児島《かごしま》の歴史《れきし》や文化を発信《はっしん》する「マルヤガーデンズレポーター」。ブログを書いたり、パンフレットを制作《せいさく》したりしています。

これまでガーデンを利用《りよう》した団体《だんたい》は150近く。オープンから1年で約《やく》350万人の人が訪《おとず》れ、周辺《しゅうへん》の商店街《しょうてんがい》の活性化《かっせいか》にもつながっています。

※NPO法人《エヌピーオーほうじん》（特定非営利活動法人《とくていひえいりかつどうほうじん》）：特定非営利活動促進法《とくていひえいりかつどうそくしんほう》にもとづいて資格《しかく》を取《しゅ》得《とく》した、営利《えいり》を目的《もくてき》とせず社会に役立つ活動をする民間団体《みんかんだんたい》。

地域《ちいき》の人とともに
人がつながるしくみをつくる

山崎《やまざき》 亮《りょう》さん（コミュニティデザイナー）

ぼくは、もともと広場や公園などを設計《せっけい》する仕事をしていました。

一般《いっぱん》の建物《たてもの》を設計《せっけい》するときは、その建物《たてもの》を使う人から依頼《いらい》を受け、意見を聞きながら形を作ります。

しかし、公園を設計《せっけい》する場合、その公園の中にベンチをいくつ置《お》けばよいかなど、いったいだれに相談したらよいのかわかりません。そこで、公園を利用《りよう》する地域《ちいき》の人たちの意見を聞いて設計図《せっけいず》を作ることにしました。みんなが何度も来たいと思える公園にするため、話しあいを重ねていくと、地域《ちいき》の人たちはしだいに仲間《なかま》になっていきます。公園が完成《かんせい》した後も、みんなが集まって活動し、つながりが続《つづ》くようなしくみをつくりたいと思うようになりました。

こうした経験《けいけん》を経《へ》て、ぼくは、形があるものの設計《せっけい》ではなく、人と人がつながり自分たちの住む地域《ちいき》をよりよくデザインするためのチームをつくる仕事をはじめました。

「観光客《かんこうきゃく》が減《へ》っている」「若者《わかもの》が都会に出たままもどってこない」など、まずは、その土地の問題を地域《ちいき》の人から聞きだします。

次に、みんなと話しあって、問題を解決《かいけつ》するためのアイデアを出していきます。話しあう中で、地域《ちいき》の人同士《どうし》でつながってもらい、楽しみながらみんなで問題を解決《かいけつ》していってもらう状況《じょうきょう》をつくりだすのが、ぼくの仕事です。

マルヤガーデンズのときは、「地域《ちいき》の人同士《どうし》がつながる百貨店《ひゃっかてん》」をつくりたいと頼《たの》まれ、鹿児島県《かごしまけん》内で活動するNPO法人《エヌピーオーほうじん》を訪《たず》ねました。そして、40団体《だんたい》に集まってもらい、４回のワークショップを開きました。

最初《さいしょ》は、鹿児島《かごしま》の長所と短所をあげてもらい、長所をのばすアイデア、短所を乗りこえるアイデアを出してもらいました。さらに、マルヤガーデンズで実現《じつげん》できるアイデアを考えてもらい、それを、すぐできること、１年後にできることと整理してから、オープンに向けて準備《じゅんび》をしていきました。

無事《ぶじ》にオープンの日をむかえ、地域《ちいき》の人たちが自分たちでいろいろとくふうをしはじめたら、ぼくの仕事は終わりになります。

「働《はたら》く」とは、「ハタをラクにする」こと。

近くの人が何に困《こま》っているかをみつけ、それを解決《かいけつ》してあげる。ラクになった人の感謝《かんしゃ》の気持ちが、対価《たいか》になります。

世間《せけん》では、対価《たいか》は「お金で支払《しはら》われるもの」と考えられています。でも、対価《たいか》はもっといろいろあっていいと思います。

たとえば、ぼくみたいに地方のあちらこちらに行っていると、各地《かくち》から農作物や海《かい》産物《さんぶつ》がどっさり送られてきます。それも、対価《たいか》の１つだと思います。また、「ありがとう」のことばや、全国に友だちがふえていくこと、いろいろな話を聞いて知識《ちしき》がふえていくことも対価《たいか》と言ってよいと思います。

さまざまなメディアが社会を変《か》える

情報《じょうほう》の受け手・送り手としての感性《かんせい》をみがく

多様なメディアが社会を助ける!

2011年3月11日、東日本大震災《ひがしにほんだいしんさい》。速報《そくほう》として流れたＮＨＫ《エヌエイチケイ》（日本放送協会《きょうかい》）の災害報道《さいがいほうどう》番組を見ていた広島県《ひろしまけん》の中学生が、自宅《じたく》のテレビをスマートフォン（多機能携帯《たきのうけいたい》電話）で撮影《さつえい》しつづけ、そのまま動画共有《きょうゆう》サービスサイト「ユーストリーム」にアップロードしました。これを知ったＮＨＫ広報局《エヌエイチケイこうほうきょく》も、ユーストリームの会社も、ふだんは違法《いほう》であるこの配信《はいしん》を特別《とくべつ》に認《みと》めました。この出来事《できごと》のいきさつをふりかえってみます。

2011年3月11日14時46分、東北地方《とうほくちほう》・関東地方《かんとうちほう》で大地震《おおじしん》発生
→ＮＨＫ《エヌエイチケイ》が地震《じしん》発生から大津波《おおつなみ》にいたる災害報道《さいがいほうどう》番組を放送

しかし、東北地方《とうほくちほう》の広い地域《ちいき》は地震《じしん》の影響《えいきょう》で停電《ていでん》。
テレビが見られない。固定《こてい》電話が通じない。携帯《けいたい》電話が通じない。
関東地方《かんとうちほう》でも固定《こてい》電話が通じない。携帯《けいたい》電話が通じない。
インターネットがかろうじて使える状態《じょうたい》。

広島県《ひろしまけん》の中学2年生

これはたいへんなことが起こった！みんなに知らせなくては！

自宅《じたく》のテレビのNHK《エヌエイチケイ》災害報道《さいがいほうどう》番組をずっとスマートフォンで撮影《さつえい》し、そのままユーストリームにアップロード。

ぼくは中学生なので、このくらいのことしかできません。でもお役に立てば…。ぼくのお父さんとお母さんは阪神《はんしん》・淡路大《あわじだい》震災《しんさい》※の被災者《ひさいしゃ》です。

※阪神《はんしん》・淡路大震災《あわじだいしんさい》：1995年1月17日、兵庫県南部地域《ひょうごけんなんぶちいき》に発生したマグニチュード7.3の直下型地震《ちょっかがたじしん》。死者6,434名。

NHK広報局《エヌエイチケイこうほうきょく》

連携《れんけい》

「このユーストリームで災害《さいがい》に関《かん》する放送が見られます。停電《ていでん》でテレビが見られない方へ、できるだけたくさんの人に見てほしい」と呼《よ》びかける。

NHK《エヌエイチケイ》、許可《きょか》してくれてありがとうございます。

アップロード

NHK《エヌエイチケイ》からユーストリーム・アジア本部へ「このメールをもって、同時配信《はいしん》の許諾《きょだく》をしたとお考えください。こちらも社内体《たい》制《せい》が整《ととの》い次第《しだい》、わたしたち自身で配信《はいしん》を開始します」と連絡《れんらく》する。

連絡《れんらく》

通常《つうじょう》は、違法《いほう》な配信《はいしん》を監視《かんし》し、テレビやラジオ番組のアップロードを発見した場合、すぐに番組を見られないようにする。

監視《かんし》

ユーストリーム・アジア本部から、NHK《エヌエイチケイ》へ「地震《じしん》に関《かん》するNHK報道《エヌエイチケイほうどう》番組が違法《いほう》に配信《はいしん》されているが、数千人がすでに見ており、できれば配信《はいしん》を続《つづ》けさせてほしい」と申し出る。

ユーストリーム アジア本部

配信

テレビが見られない環境《かんきょう》の人

東京都区内《とうきょうとくない》に勤務《きんむ》する帰宅困難者《きたくこんなんしゃ》

海外にいて国内の知り合いの安否《あんぴ》を心配する人

この中学生の配信《はいしん》によって、日本国内・海外をふくめ、約《やく》4万人が地震《じしん》の情報《じょうほう》を得《え》ることができたそうです。

ここが ポイント

緊急時《きんきゅうじ》のインターネットによる情報発信力《じょうほうはっしんりょく》の可能性《かのうせい》とサイマル放送の重要性《じゅうようせい》

ジャーナリスト 津田大介《つだだいすけ》さんの解説《かいせつ》

広島県《ひろしまけん》の中学生が災害報道《さいがいほうどう》番組をユーストリームで配信《はいしん》した後、ＮＨＫ《エヌエイチケイ》やフジテレビ、ＴＢＳ《ティービーエス》はテレビ放送の内容《ないよう》をそのままインターネットで配信《はいしん》しはじめました。また、ラジオ局も地域限定《ちいきげんてい》だったネット配信《はいしん》を全国で聞けるようにしました。このように、同じ番組内容《ないよう》を同時に複数《ふくすう》の手段《しゅだん》で放送することを「サイマル放送」といいます。被災地《ひさいち》では、テレビが見られなくてもインターネットがつながっている地域《ちいき》があり、情報収集《じょうほうしゅうしゅう》に役立っていました。緊急災害時《きんきゅうさいがいじ》の情報《じょうほう》は、さまざまな手段《しゅだん》で発信《はっしん》されるようになることが重要《じゅうよう》です。

やって みよう

地域《ちいき》の情報《じょうほう》を伝《つた》えるコミュニティFM《エフエム》を聞いてみよう

地震《じしん》のような災害《さいがい》が起きたとき、人びとがなによりも知りたいのは、自分たちが住む地域《ちいき》に関《かん》するニュース（食料《しょくりょう》や水の配給《はいきゅう》、交通手段《しゅだん》、安否《あんぴ》などの生活情報《じょうほう》）です。しかし、マスメディア（広域《こういき》のテレビ局やラジオ局）の場合は、多くの人に広く知らせるべきと判断《はんだん》した公共性《こうきょうせい》の高い情報《じょうほう》を中心にあつかうことになります。

そこでいま全国の市区町村で、ＦＭ周波数《エフエムしゅうはすう》を使用するコミュニティ放送局（以下、コミュニティＦＭ《エフエム》）がぞくぞくと開局されています。コミュニティＦＭ《エフエム》は、地域《ちいき》の特色《とくしょく》を生かし、住民《じゅうみん》が参加《さんか》しながら、地域《ちいき》に密着《みっちゃく》した番組を放送しています。そして災害時《さいがいじ》には、それぞれの地域《ちいき》で必要《ひつよう》な災害情報《さいがいじょうほう》をすばやく伝《つた》えることもできます。

たとえば、兵庫県神戸市長田区《ひょうごけんこうべしながたく》にあるコミュニティ放送局「ＦＭ《エフエム》わぃわぃ」は現在《げんざい》、韓国《かんこく》・朝鮮語《ちょうせんご》、中国語《ちゅうごくご》、ベトナム語、英語《えいご》、タガログ語（フィリピンの言語の１つ）、スペイン語など、10種類《しゅるい》の言語で放送しています。その母体になったのは、1995年の阪神《はんしん》・淡路大震災《あわじだいしんさい》のときに、地域《ちいき》に住む外国人向けに災害情報《さいがいじょうほう》を伝《つた》えるために、住民《じゅうみん》自身が必要《ひつよう》にせまられて開局した、「ＦＭ《エフエム》ヨボセヨ」（日本語と韓国《かんこく》･朝鮮語《ちょうせんご》で放送）と、「ＦＭ《エフエム》ユーメン」（日本語、ベトナム語など５言語で放送）という２つの小さな放送局でした。

コミュニティＦＭ《エフエム》の多くは、インターネットを通じて世界じゅう、どこからでも聞くことができます。「サイマルラジオ」というウェブサイト（http://www.simulradio.jp/）では、全国各地《かくち》で開局されている80局以上《いじょう》のコミュニティＦＭ《エフエム》の放送内容《ないよう》を聞くことができます。興味《きょうみ》や関心《かんしん》のある地域《ちいき》のコミュニティＦＭ《エフエム》を探《さが》して、実際《じっさい》に聞いてみましょう。

↑「ＦＭ《エフエム》わぃわぃ」のスタジオでのスペイン語放送「SalsaLatina《サルサ・ラティーナ》」生《なま》放送のようす

メディアには長所と短所がある

わたしたちがふだん接《せっ》する、たくさんのニュースや情報《じょうほう》は、さまざまなメディアから発信《はっしん》されています。

テレビやラジオ、新聞、雑誌《ざっし》、インターネットなど、ニュースや情報《じょうほう》を伝《つた》える手段《しゅだん》のことを「メディア」といいます。とくに、テレビやラジオ、新聞、雑誌《ざっし》など、古くから広く公共《こうきょう》に影響《えいきょう》力《りょく》のある情報《じょうほう》メディアは「マスメディア」とよばれます。インターネットの利用が広がり、わたしたちは日常的《にちじょうてき》に、よりたくさんの情報《じょうほう》と接《せっ》する機会《きかい》が多くなりました。

さまざまな種類《しゅるい》のメディアには、それぞれ長所と短所があります。そのことを知っておくと、ニュースや情報《じょうほう》を見る視点《してん》が広がります。次の図解《ずかい》を見ながら、個々《ここ》の特性《とくせい》を考えてみましょう。

●さまざまなメディアの長所・短所の一例《いちれい》

伝《つた》わる人数が多い

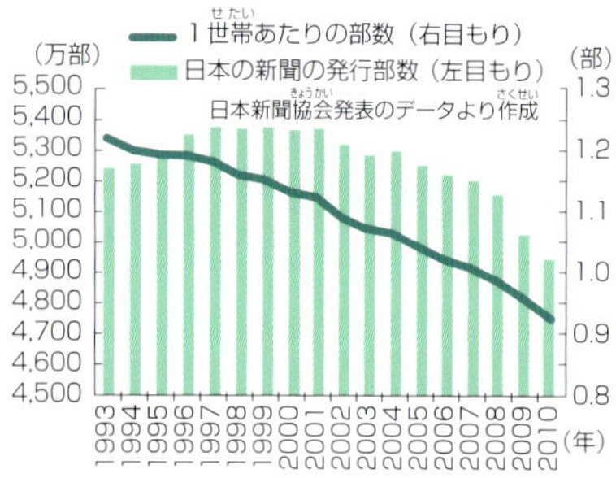

年間約《やく》4932万部（2010年）の新聞が発行されていますが、年々《ねんねん》発行部数は減少《げんしょう》しています

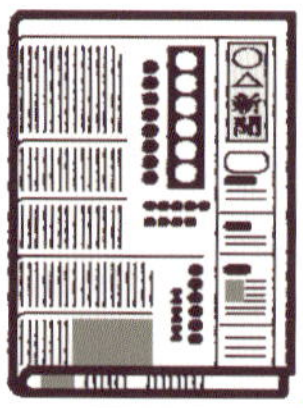

新聞

長所
- 好《す》きな時間に、好《す》きな記事から読める。
- 政治《せいじ》、経済《けいざい》、海外情勢《かいがいじょうせい》など幅《はば》広い分野のニュースを短くまとめてある。
- 資料《しりょう》として保存《ほぞん》しやすい。

短所
- 情報《じょうほう》の伝《つた》わる速《はや》さがテレビやラジオより遅《おそ》い。

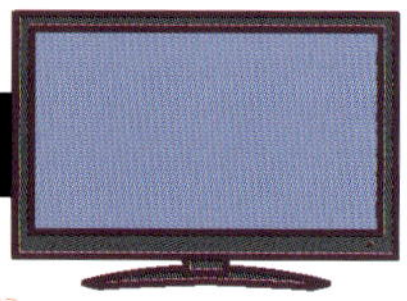

テレビ

1世帯《せたい》に2台以上《いじょう》もあるよ

長所
- 速《はや》く報道《ほうどう》できる。
- 映像《えいぞう》で説明《せつめい》することができる。

短所
- 情報《じょうほう》の入手が受け身になりやすい。
- 番組制作《せいさく》にお金がかかる。
- 視聴率重視《しちょうりつじゅうし》の番組づくりになりがち。

電子化

インターネット

長所
- 情報《じょうほう》が速《はや》く伝《つた》わる。
- 情報《じょうほう》のやりとりができる。
- だれもが情報《じょうほう》の発信者《はっしんしゃ》になれる。

短所
- 誤《あやま》った情報《じょうほう》が流れやすい。
- 特定《とくてい》の個人《こじん》や組織《そしき》に対する非難《ひなん》が集中しやすい。

伝達《でんたつ》が遅《おそ》い ⇔ 伝達《でんたつ》が速《はや》い

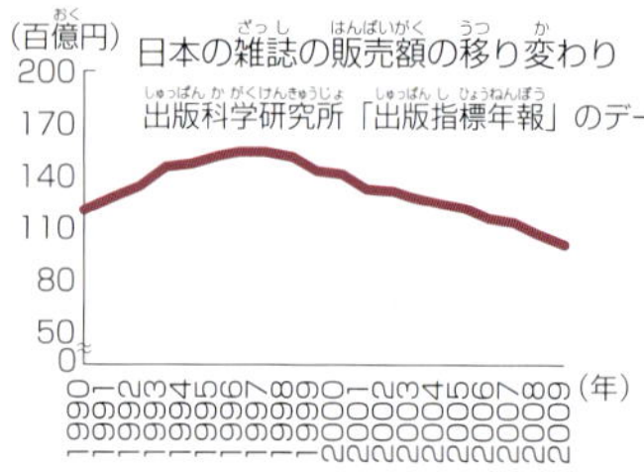

電子化

読者は減《へ》ってるけど…

雑誌《ざっし》

長所
- 好《す》きな時間に、好《す》きなところから読める。
- より深《ふか》く掘《ほ》り下げた専門《せんもん》分野の情報《じょうほう》を掲載《けいさい》。

短所
- 情報《じょうほう》の伝《つた》わる速《はや》さがテレビやラジオより遅《おそ》い。

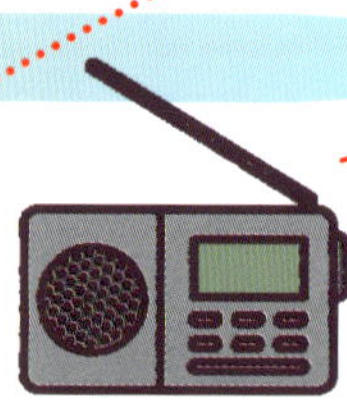

インターネットでの配信《はいしん》に意欲的《いよくてき》

ラジオ

1日平均《へいきん》20分ぐらい聞かれているよ

長所
- 速《はや》く報道《ほうどう》できる。
- 比較的《ひかくてき》自由な番組づくりができる。
- 屋外《おくがい》や車の運転中《うんてんちゅう》でも情報源《じょうほうげん》として活用できる。

短所
- 音声だけなので、視覚的《しかくてき》なものなど、理解《りかい》しづらい情報《じょうほう》もある。

さまざまな地域《ちいき》メディア

（ミニコミ誌《し》、コミュニティFM《エフエム》、ケーブルテレビ、地域情報《ちいきじょうほう》サイト）

長所
- 地域《ちいき》に密着《みっちゃく》、住民《じゅうみん》が参加《さんか》、防災《ぼうさい》+《プラス》災害情報《さいがいじょうほう》を発信《はっしん》

伝《つた》わる人数が少ない

インターネット時代のジャーナリズム
公共的《こうきょうてき》な価値《かち》を守るために

神保哲生《じんぼうてつお》さん（ビデオジャーナリスト）

インターネットという通信手段《つうしんしゅだん》の登場は、もしかしたら、人類《じんるい》に大きな影響《えいきょう》をあたえた発明の１つであるグーテンベルクの活版印《かっぱんいん》刷《さつ》をしのぐ重要性《じゅうようせい》をもつものになるかもしれません。インターネットが登場するまで、不特定《ふとくてい》多数の人に向けて情報《じょうほう》を伝《つた》える手段《しゅだん》をもっていたのは、大手の新聞社・出版《しゅっぱん》社《しゃ》・テレビ局などマスメディアだけでした。それが現在《げんざい》では、だれもがインターネットを活用して情報《じょうほう》を発信《はっしん》できるようになりました。難病《なんびょう》や障害《しょうがい》のある人、セクシャル・マイノリティ、人種的《じんしゅてき》な差別《さべつ》を受けている人など、市民の多様な声や視点《してん》を伝《つた》える自主メディアや個人《こじん》メディアが生まれてきたのです。

しかし残念《ざんねん》ながら、ジャーナリズムの分野では、まだまだテレビや新聞にとって代わる報道《ほうどう》メディアがインターネット上には登場していません。視聴者《しちょうしゃ》や読者が喜《よろこ》ぶようなおもしろい情報《じょうほう》を発信《はっしん》することができたとしても、中立的《ちゅうりつてき》な立場で社会で起こっている問題を取材《しゅざい》し、事実を整理して正確《せいかく》に市民《しみん》に伝《つた》えるということがまだ十分《じゅうぶん》にできていないのです。こうしたジャーナリズムの基本的《きほんてき》な作法《さほう》を習得《しゅうとく》するためには、長い年月をかけた記者の育成《いくせい》が必要《ひつよう》です。

また、日本では長い間、大手メディアの記者たちだけが参加《さんか》できる「記者クラブ」という組織《そしき》があり、この組織《そしき》に入っていない人は、官庁《かんちょう》や自治体《じちたい》、警察《けいさつ》などが行う記者会見に参加《さんか》することができませんでした。つまり、日本の行政《ぎょうせい》にかかわる大事な情報《じょうほう》は、大手のメディアで働《はたら》く記者でないと直接《ちょくせつ》知ることができなかったのです。

そういう特権的《とっけんてき》な地位《ちい》にあぐらをかいてきたため、マスメディアの側《がわ》も、権力《けんりょく》のチェックや公共的《こうきょうてき》な議論《ぎろん》のテーマを設定《せってい》するといったジャーナリズムの大事な役割《やくわり》を果《は》たせなくなってきました。

このように、新しいジャーナリズムがまだ育たず、既存《きぞん》の報道《ほうどう》メディアの取材力《しゅざいりょく》や調査能力《ちょうさのうりょく》も落ちていることに、わたしは大きな危機感《ききかん》をおぼえています。社会にとって大事な情報《じょうほう》がきちんと届《とど》けられないことは、市民《しみん》一人ひとりが「自分たちの社会で何が起きているのか」を知り、「自《みずか》らの意《い》思《し》で決定する」という民主主義《みんしゅしゅぎ》の力を弱めてしまうからです。

わたしは2000年１月からインターネット放送局を立ち上げ、ビデオジャーナリストとして、たくさんの報道《ほうどう》番組をつくってきました。マスメディアのようにお金をかけなくても、良質《りょうしつ》なジャーナリズム活動が可能《かのう》なことを身をもって証明《しょうめい》するためです。

インターネットメディア独自《どくじ》の報道《ほうどう》を確《かく》立《りつ》することは、技術《ぎじゅつ》や知識《ちしき》の面でも金銭的《きんせんてき》な面でも道のりが平坦《へいたん》ではないことは確《たし》かですが、ジャーナリズムを生き残《のこ》らせる構《こう》造《ぞう》をつくらないと、公共的《こうきょうてき》なジャーナリズムは本当に死んでしまう。常《つね》にそういう危《き》機感《かん》をもって報道《ほうどう》にたずさわっています。

つながりを生みだすソーシャルメディア

インターネットの世界では、「ソーシャルメディア」が大きな注目を集めています。

「ソーシャルメディア」とは、インターネットを通じて、人びとが積極的《せっきょくてき》に情報発信《じょうほうはっしん》するとともにその情報《じょうほう》を共有《きょうゆう》することで、新たなつながりや価値《かち》、アイデアが生みだされるネットワークサービスのことです。

●代表的《だいひょうてき》なソーシャルメディアの例《れい》（2011年現在《げんざい》）

twitter（ツイッター）

世界で約《やく》１億《おく》人、日本で約《やく》1500万人が利用（2011年８月現在《げんざい》）。インターネット上に自分のツイッターページを無料《むりょう》で開設《かいせつ》し、そこから140字以内《いない》の文章《ぶんしょう》（つぶやき）を気ままに投稿《とうこう》したり、他人のつぶやきを読んだりして楽しむことができます。

facebook（フェイスブック）

世界で８億《おく》人以上《いじょう》、日本では約《やく》460万人が登録《とうろく》（2011年８月現在《げんざい》）。インターネット上で、友人や知人と情報交換《じょうほうこうかん》ができる世界最大《さいだい》のソーシャルメディア。実名や現在《げんざい》住んでいる地域《ちいき》、出身校、勤《つと》め先など、個人《こじん》の具体的《ぐたいてき》な情報《じょうほう》を登録《とうろく》するため、知りあいを探《さが》しやすいのが特徴《とくちょう》です。

YouTube（ユーチューブ）

ネット上で動画を共有《きょうゆう》できるサイトです。個人《こじん》が撮影《さつえい》した映像《えいぞう》を登録《とうろく》すると、世界じゅうの人がそれを見ることができます。個人《こじん》が撮影《さつえい》した映像以外《えいぞういがい》では、映画《えいが》の予告編《よこくへん》や音楽のプロモーションビデオも配信《はいしん》されています。

USTREAM（ユーストリーム）、ニコニコ動画

YouTube《ユーチューブ》と同じように、動画を共有《きょうゆう》するサイトですが、生《なま》放送や実況中継《じっきょうちゅうけい》ができる点が特徴《とくちょう》的《てき》です。個人《こじん》が手軽に番組を作って放送することができます。東日本大震災《ひがしにほんだいしんさい》ではさまざまな記者会見を実況中継《じっきょうちゅうけい》したことで注目を集めました。

ソーシャルメディアでは大事な情報《じょうほう》が一瞬《いっしゅん》で広がっていく

津田大介《つだだいすけ》さん（ジャーナリスト）

2011年3月11日に発生した東日本大《ひがしにほんだい》震災《しんさい》でも、ツイッターは大きな役割《やくわり》を果《は》たしました。災害情報《さいがいじょうほう》や避難所《ひなんじょ》の情報《じょうほう》などをツイート（つぶやき）したり、情報《じょうほう》を読んだ人がさらにリツイート（ほかの人のツイートを引用して発信《はっしん》）することで、大事な情《じょう》報《ほう》が一瞬《いっしゅん》のうちに広がっていきました。

わたしがツイッターを始めたのは、2007年4月のことですが、当時はたった数十人しかフォロー（受信《じゅしん》）している人がいませんでした。しかし、2009年ごろからツイッターを始める人が急激《きゅうげき》にふえ、今では約《やく》20万人にフォローされています。自分のつぶやきが20万人に瞬時《しゅんじ》に見られるというのは、インターネットの登場以前《いぜん》では考えられないことですよね。

ツイッターやフェイスブックのようなソーシャルメディアの特徴《とくちょう》は、

①リアルタイム（速報性《そくほうせい》、すぐに伝《つた》わる）
②共感《きょうかん》・協調《きょうちょう》（感情《かんじょう》や考えを共有《きょうゆう》しやすい）
③リンク（具体的《ぐたいてき》な行動につながる）
④オープン（参加《さんか》もやめることも簡単《かんたん》）
⑤プロセス（流れがよく見える）

という５つにまとめることができます。

たとえばわたしは、重要《じゅうよう》な会議《かいぎ》やシンポジウムなどに参加《さんか》して、その場の発言を次つぎに要約《ようやく》してツイッターで流す活動を続《つづ》けています。つまり「リアルタイム」で、シンポジウムの進行状況《じょうきょう》や発言内容《ないよう》などをツイートします。そうすると、すぐに読んでいる人からの反応《はんのう》が返ってきます。これが「共感《きょうかん》・協調《きょうちょう》」ですね。わたしのつぶやきを読んで、「じゃあ今度、ぼくもそのシンポジウムに出てみよう」という人もいるでしょう。つぶやきが行動へと「リンク」する（つながる）わけです。

このように、ツイッターが多くの人をつないでいくのは、物事《ものごと》の「プロセス（流れ）」が見えやすく、だれでも参加《さんか》でき、やめたいときに簡単《かんたん》にやめることができる「オープン」なメディアだからです。

2011年１月から２月にかけて、北アフリカのチュニジアやイエメン、エジプトで民主化《みんしゅか》運動が起こり、独裁政権《どくさいせいけん》が倒《たお》されました。独裁政権《どくさいせいけん》では、政府《せいふ》に反対する活動はきびしく取りしまられていますが、若《わか》者《もの》たちは警察《けいさつ》の監視《かんし》を逃《のが》れながら、フェイスブックやツイッターで無数《むすう》の人びとと情《じょう》報《ほう》を交換《こうかん》して、市民《しみん》の間に抗議《こうぎ》デモの活動を広げていったのです。

その反面、ソーシャルメディアでデマや不正確《ふせいかく》な情報《じょうほう》が拡散《かくさん》してしまい、問題を起こす場合もあります。また、ツイッターやフェイスブックをうまく利用できるかどうかで、情報《じょうほう》の格差《かくさ》（デジタル・デバイド）が生まれてしまう側面《そくめん》もあります。

こうした問題点を解決《かいけつ》しながら、ソーシャルメディアをもっと社会に役立つ方向で生かしていく実践《じっせん》を、これからもしていきたいと思います。

ハテナに答える

なぜ今、情報《じょうほう》を読み解《と》く力=メディア・リテラシーが重要《じゅうよう》なのか。

「メディア・リテラシー」とは、メディアをとおして得られるニュースや情報《じょうほう》を適切《てきせつ》に読み解《と》き、生活の中で生かしていく力のことです。

次の２つの新聞の見出しは、世界遺産《いさん》※に登録《とうろく》された小笠原諸島《おがさわらしょとう》に関《かん》するものです。

読み比《くら》べてみてください。

豊《ゆた》かな島　世界の宝《たから》に
小笠原《おがさわら》　喜《よろこ》びに沸《わ》く関係者《かんけいしゃ》
（読売《よみうり》新聞２０１１年６月25日）

世界遺産《いさん》「小笠原《おがさわら》の自然《しぜん》、誇《ほこ》り」
観光客増《かんこうきゃくぞう》で新たな懸念《けねん》
生態系《せいたいけい》悪化など危惧《きぐ》
（朝日《あさひ》新聞２０１１年６月25日）

左の見出しを読むと、自然環境《しぜんかんきょう》の破壊《はかい》のほうが心配だわ。

右の見出しは、世界遺産《いさん》に選《えら》ばれて、喜《よろこ》んでいることがわかるね。

その通り！　何に焦点《しょうてん》をあてて書くかによって、ニュースの印象《いんしょう》がガラリと変わってしまうんだ。

※世界遺産《いさん》：
1972年のユネスコ総会《そうかい》で採択《さいたく》された「世界遺産条約《いさんじょうやく》」にもとづき、人類《じんるい》が共有《きょうゆう》すべき物件《ぶっけん》として登録《とうろく》された文化財《ぶんかざい》や自然環境《しぜんかんきょう》のこと

ニュースは「料理《りょうり》」のしかたで見え方が変わってくる

このように同じテーマをあつかっていても、見出しのつけ方や切り口によって、ニュースの印象《いんしょう》が大きく変わります。

どんなに巨大《きょだい》なメディア（テレビや新聞など）であっても、世の中で起きているすべての出来事《できごと》を伝《つた》えることはできません。そこで、ニュースを選択《せんたく》したり、取材や撮影対象《さつえいたいしょう》を決めたり、素材《そざい》を編集《へんしゅう》する段階《だんかい》で、担当《たんとう》している個人《こじん》や、テレビ局、新聞社などの主観《しゅかん》が入りこんでいきます。

TV

多様な考えを読み解《と》く力をつけよう

そして、インターネットが普及《ふきゅう》することによって、だれもが情報《じょうほう》の発信者《はっしんしゃ》になれる時代がやってきました。さまざまな人たちが発信《はっしん》元《もと》になることによって、これまでよりも多様な意見や情報《じょうほう》が流れるようになることはたいへんすばらしいことです。

しかし、その一方で、かたよった意見、きちんと裏《うら》づけをとっていない情報《じょうほう》が多くふくまれるようになったのも事実です。

わたしたちが発信《はっしん》する情報《じょうほう》がかたよりがちなのは、世界がそれだけ複雑《ふくざつ》で多面体である証拠《しょうこ》です。多様な考えをもつ人びとと、上手に共生《きょうせい》していくためにこそ、さまざまな情報《じょうほう》を読み解《と》く力を身につける必要《ひつよう》があるのです。

メディア・リテラシーの力をつけよう① 〈マスメディア編《へん》〉

少年犯罪《はんざい》に関《かん》する報道《ほうどう》記事をもとに、情報《じょうほう》の読み解《と》き方について考えてみましょう。

テレビや新聞で、少年の凶悪犯罪《きょうあくはんざい》の報道《ほうどう》をよく見るわ。

若《わか》い人の犯罪《はんざい》って昔に比《くら》べてふえているのかも。

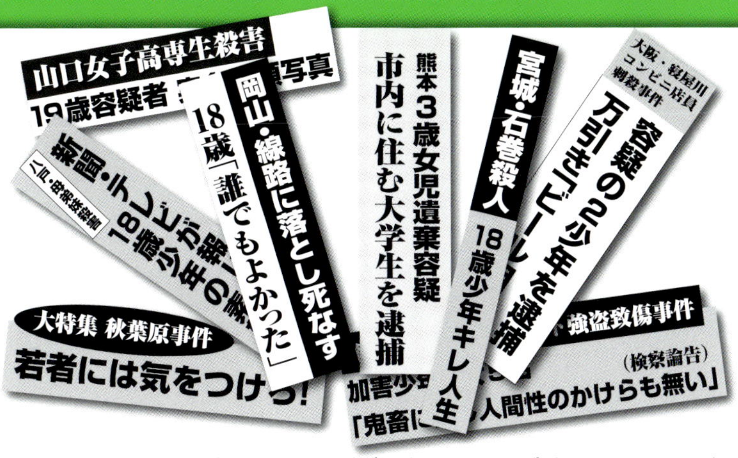

2005〜2011年に報道《ほうどう》された若者《わかもの》の犯罪《はんざい》に関《かん》する新聞や雑誌《ざっし》記事の見出しの例《れい》

ちょっと待《ま》って！ マスメディアの報道《ほうどう》の量《りょう》と現実《げんじつ》に起きていることの量《りょう》は、ズレている可能性《かのうせい》があるよ。

実際《じっさい》に、少年犯罪《はんざい》の凶悪化《きょうあくか》が進んでいるかどうかを統計《とうけい》で調べてみよう。

10代、20代は1960〜70年代にかけて殺人検挙者数《さつじんけんきょしゃすう》の割合《わりあい》は大《おお》幅《はば》に下がり、その後は低《ひく》いままね。この統計《とうけい》からは、少年犯罪《はんざい》が凶悪《きょうあく》化《か》しているとは言えないみたい。

●年れい層別殺人《そうべつさつじん》（未遂《みすい》ふくむ）検挙者数《けんきょしゃすう》の移《うつ》り変《か》わり（各《かく》年れい層《そう》10万人あたり）法務省《ほうむしょう》『犯罪《はんざい》白書2010』をもとに作成《さくせい》

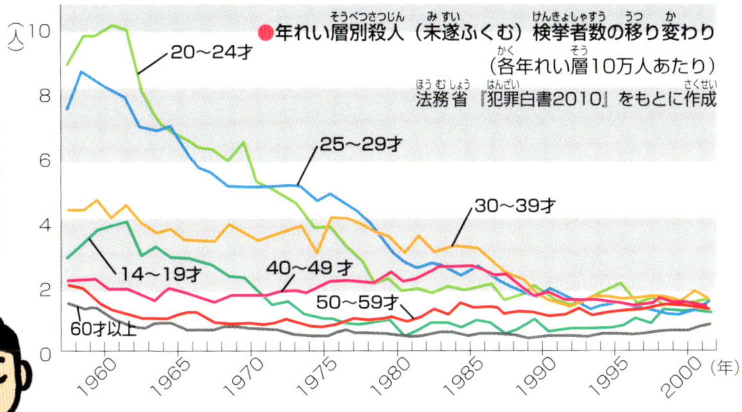

少年の犯罪《はんざい》に関《かん》する報道量《ほうどうりょう》がふえると、「少年犯罪《はんざい》＝凶悪《きょうあく》」という印象《いんしょう》が広まってしまいます。実際《じっさい》、このようなイメージが世論《よろん》に影響《えいきょう》して、2000年と2007年に少年法《しょうねんほう》が改正《かいせい》され、刑事罰《けいじばつ》の対象年《たいしょうねん》れいを引き下げるなどの厳罰化《げんばつか》が進んだことも、念頭《ねんとう》に置《お》く必要《ひつよう》があるでしょう。

事実をきちんと確《たし》かめないと、わたしたちはメディアの報道量《ほうどうりょう》に印象《いんしょう》を左右され、誤《あやま》った見方で社会をとらえてしまうことを知っておこう。

ここがポイント！

情報《じょうほう》を読み解《と》くときに気をつけること

①事実と意見・感想とを分けること。

事実：実際《じっさい》に起こった出来事《できごと》。だれもが確《たし》かめられること。

意見：個人《こじん》の考え。人によって見方が分かれる内容《ないよう》。

②少ないケースを、広く世の中に行き渡《わた》っているかのようにとらえない。

③別《べつ》の情報《じょうほう》やデータにもあたり、比較《ひかく》してみること。

④情報《じょうほう》が正確《せいかく》か、実情《じつじょう》などにあてはまっているかを評価《ひょうか》すること。

⑤知らず知らずのうちに思いこんでいること（先入観《せんにゅうかん》）や、理由があいまいな決めつけ（暗黙《あんもく》の前提《ぜんてい》）を見抜《みぬ》くこと。

メディア・リテラシーの力をつけよう② 〈ソーシャルメディア編《へん》〉

ソーシャルメディアの利用《りよう》が広まったことで、わたしたちの情報《じょうほう》とのつきあい方も大きく変わろうとしています。どのような心がまえが必要《ひつよう》でしょうか。

人のためによいことだと思って発信《はっしん》した情報《じょうほう》が……

ある日ツイッターにこんな情報《じょうほう》が投稿《とうこう》されたら、みなさんはどんなことを思いますか？

たいへんだ！ すぐにツイッターで呼《よ》びかけて、AB型Rh《エービーがたアールエイチ》マイナスの血液《けつえき》の人を探《さが》さなきゃ。

ＲＴ《リツイート》※……○△大学病院 電話番号04X-2XX-5X5Xまで
もしＡＢ型Ｒｈ《エービーがたアールエイチ》マイナスの血液型《けつえきがた》の方がいらっしゃいましたら、献血《けんけつ》にご協力《きょうりょく》お願《ねが》いします。緊急《きんきゅう》です。20XX年XX月XX日の夕方に○△市の小学３年生の男の子が交通事故《じこ》にあいました。……

※RT（リツイート）：他の人のツイートを引用して発信《はっしん》すること

友だちもみんな、RT（リツイート）している情報《じょうほう》だから、だいじょうぶかな？

じつは同じような内容《ないよう》の書きこみはインターネットが普及《ふきゅう》したころから続《つづ》いていて、2008年には、日本《にほん》赤十字社《せきじゅうじしゃ》がウェブサイト上で、以下《いか》のような文章を掲載《けいさい》して、注意《ちゅうい》を呼《よ》びかけたことがあるんだよ。

B型Rh《ビーがたアールエイチ》マイナスの血液《けつえき》に関《かん》するチェーンメール※について　2008/02/22
平成20年２月20日（水）ごろから「輸血《ゆけつ》で必要《ひつよう》なためＢ型Ｒｈ《ビーがたアールエイチ》マイナスの人を探《さが》しています」といった内容《ないよう》のチェーンメールが出回っております。日本赤十字社《にほんせきじゅうじしゃ》では、24時間体制《たいせい》で全国の医療機関《いりょうきかん》に輸血用血液《ゆけつようけつえき》の供給《きょうきゅう》を行っております。……現在《げんざい》、全国どの地域《ちいき》においても、Ｂ型Ｒｈ《ビーがたアールエイチ》マイナスの輸血用血液《ゆけつようけつえき》は不足しておりません。

※チェーンメール：まるでくさり（チェーン）がつながっていくように、不特定《ふとくてい》多数へ配布《はいふ》するように求《もと》める内容《ないよう》の手紙のこと

デマや流言《りゅうげん》を広めないために

輸血《ゆけつ》を求《もと》めるチェーンメールなどで、名前のあがった病院に問いあわせが殺到《さっとう》し、患者《かんじゃ》の応対《おうたい》ができず診療《しんりょう》に支障《ししょう》が出たケースもありました。善意《ぜんい》にもとづいて広めた情報《じょうほう》でも、結果《けっか》として「血液《けつえき》を安定して病院に送る」「病院の診療《しんりょう》を混乱《こんらん》なく行う」という大事な目的《もくてき》を妨《さまた》げてしまうことがあるのです。

ツイッターをはじめとするソーシャルメディアでは、「コピー・アンド・ペースト（複写《ふくしゃ》・貼《は》りつけ）」「転送《てんそう》ボタン」「リツイートボタン」を使うことで、だれもが一瞬《いっしゅん》のうちに情報《じょうほう》を広めることができるという特徴《とくちょう》をもっています。ですから、デマ（悪意やある意図《いと》にもとづいてでっちあげた情報《じょうほう》）や、流言《りゅうげん》（出所があいまいで根拠《こんきょ》のない情報《じょうほう》）に対しては、次のことを心がけましょう。

ここがポイント

①まずは落ち着く。
②受け取った情報《じょうほう》がどこから発信《はっしん》されたのかを確《たし》かめる。
③情報《じょうほう》をうのみにせず、内容的《ないようてき》におかしなところがないかをしっかり考える。
④有名人や身近《みぢか》な人が発信《はっしん》していても、①と②と③をおこたらない。
⑤疑《うたが》わしい情報《じょうほう》はあせって判断《はんだん》せず、ほかの新しい情報《じょうほう》が出るのを待《ま》って検討《けんとう》する。
⑥デマや流言《りゅうげん》だとわかったら、根拠《こんきょ》とともに、まわりの人にもわかりやすく伝《つた》える。

「多様性《たようせい》」についてもっと調べてみよう

多文化共生《たぶんかきょうせい》に関《かん》する本

ぼくのものがたり　あなたのものがたり
―人種《じんしゅ》についてかんがえよう

ジュリアス・レスター 文／カレン・バーバー 絵／さくまゆみこ 訳／岩崎書店／32p

あなたは、自分と目の色やはだの色、かみの毛の色がちがう人と出会ったとき、どう感じるでしょうか。
外見は、つつみ紙《がみ》みたいなもの。じつは、ちがいはほんのちょっとしたことで、大事にしていることはみんな同じかもしれません。「差別《さべつ》」ってなんだろう。この本を読んで考えてみてください。

まんが クラスメイトは外国人
―多文化共生《たぶんかきょうせい》20の物語

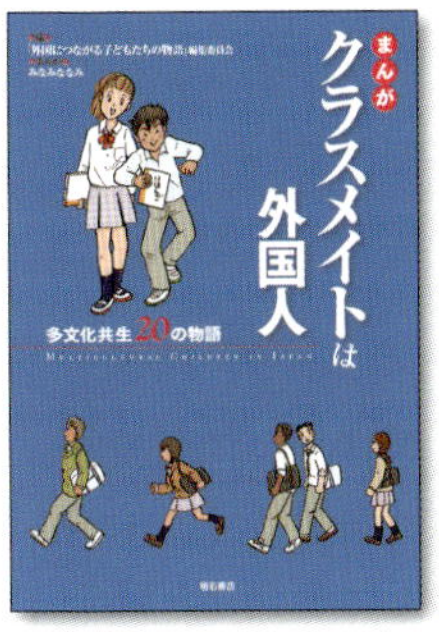

「外国につながる子どもたちの物語」編集委員会 編／みなみななみ まんが／明石書店／176p

このまんがには、日本にくらす日系《にっけい》ブラジル人の少年や、在日韓国《ざいにちかんこく》・朝鮮人《ちょうせんじん》の少女、中国残留孤児《ちゅうごくざんりゅうこじ》だった祖母《そぼ》をもつ少女、日本で難民申請中《なんみんしんせいちゅう》のクルド人の少女ら、20人の子どもたちが登場《とうじょう》します。「外国につながる子どもたち」の多様な背景《はいけい》や現状《げんじょう》、課題《かだい》が、大人にも子どもにもわかりやすく説明《せつめい》されています。

性《せい》の多様性《たようせい》に関《かん》する本

ゲイのボクから伝《つた》えたい「好《す》き」の？《ハテナ》がわかる本　―みんなが知らないLGBT《エルジービーティー》

石川大我 著／太郎次郎社エディタス／96p

「カラダの性《せい》」「ココロの性《せい》」「スキになる性《せい》」は人それぞれ。その組みあわせは、たくさんあります。
30人に１人ともいわれるLGBT《エルジービーティー》（レズビアン・ゲイ・バイセクシュアル・トランスジェンダー）についての疑問《ぎもん》に答える本です。当事者《とうじしゃ》やまわりの人が、まず知っておきたい基礎知識《きそちしき》を紹介《しょうかい》しています。

NHK《エヌエイチケイ》「ハートをつなごう」
LGBT《エルジービーティー》 BOOK《ブック》

石田衣良・ソニンほか 著／太田出版／144p

NHK《エヌエイチケイ》教育テレビの福祉《ふくし》番組「ハートをつなごう」は、2006年から、性同一性障害《せいどういつせいしょうがい》、ゲイ・レズビアン、LGBT《エルジービーティー》など、性《せい》に関《かん》する番組を継続《けいぞく》的《てき》に放送してきました。番組出演者《しゅつえんしゃ》らの対談やコラム、インタビューなど、性《せい》の多様性《たようせい》について、さまざまな視点《してん》から気軽に読める本です。

さまざまな障害特性《しょうがいとくせい》について考えるための本

五感の力でバリアをこえる
―わかりやすさ・ここちよさの追求《ついきゅう》

成松一郎 著／大日本図書／182p

わたしたちは日常《にちじょう》生活の中で、見る・聞く・触《さわ》るなどさまざまな感覚《かんかく》機能《きのう》を使っています。その人がもっとも情報《じょうほう》を受け取りやすい感覚《かんかく》を使うための方法を考えている人たちの5つの物語です。情報《じょうほう》を「わかりやすく」伝《つた》えることや、「ここちよさ」を生みだしていくことの大切さに気づかせてくれるでしょう。

わが指のオーケストラ①〜③

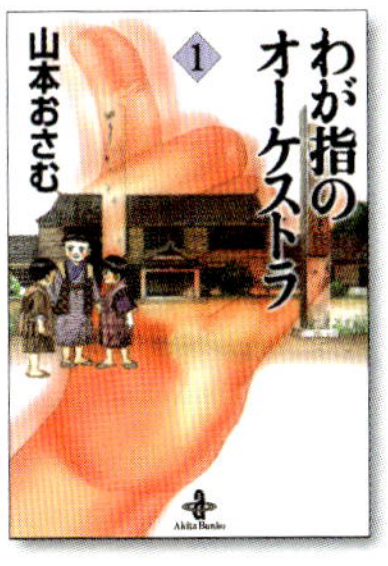

山本おさむ 著／秋田書店／322〜330p

物語は大正時代初期《たいしょうじだいしょき》から始まります。聴覚《ちょうかく》に障害《しょうがい》のある子は、口の動きで話の内容《ないよう》を理解《りかい》しなければならないとする「口話主義《こうわしゅぎ》」が強制《きょうせい》された日本のろう教育界《かい》の中で、手話を守った学校がただ１つありました。その大阪市立聾唖学校《おおさかしりつろうあがっこう》の校長、高橋潔《たかはしきよし》を主人公《しゅじんこう》にしたマンガです。日本のろう教育の歴史《れきし》がよくわかります。

「多様性《たようせい》」についてもっと調べてみよう

スポーツとのさまざまなかかわり方について考えるための本

ユニバーサルスポーツ&《アンド》あそびアイディア集

日本障害者スポーツ協会 監修／学研教育出版／ 48p

小学生熱中《ねっちゅう》！ ニュースポーツ事典《じてん》

前山 亨 監修／明治図書／ 152p

子どもから、お年寄《としよ》り、障害《しょうがい》のある人まで、どんな人でもスポーツに参加《さんか》できるようにするためのくふうや実際《じっさい》のやり方、用具やルールなどを解説《かいせつ》します。

ペットボトルサッカー、ハンディベースボール、ショートテニス、ディスクゴルフ、ミニホッケー、車いすダンスなど多数紹介《しょうかい》しています。

スポーツを仕事にする！

生島 淳 著／筑摩書房／ 160p

スポーツジャーナリストである著者《ちょしゃ》が、スポーツのもつ「する」「みる」「ささえる」の３つの側面《そくめん》を解説《かいせつ》。「ささえる」仕事のプロがメジャーリーグでどのように活やくしているか、大学のスポーツ関連《かんれん》学科ではどんなことを学べるのか、スポーツ選手《せんしゅ》の引退後《いんたいご》の人生についても知ることができます。スポーツにかかわる仕事に興味《きょうみ》のある人におすすめです。

働《はたら》き方・働《はたら》く環境《かんきょう》の多様性《たようせい》について考える本

増補改訂《ぞうほかいてい》 14歳《さい》からの仕事道

玄田有史 著／イースト・プレス／ 160p

どうすればみんなが幸せに仕事をすることができるのかを考える「労働《ろうどう》経済学《けいざいがく》」を専門《せんもん》にしている著者《ちょしゃ》が、仕事とはいったいどんなことなのか、そのヒントを提示《ていじ》します。やりたいことがなくたって、不安やなやみが多くても、この本を読めば「ちゃんといいかげんに生きる」仕事道を見つけられるでしょう。

勤《つと》めないという生き方

森 健 著／メディアファクトリー／ 272p

建設《けんせつ》会社勤務《きんむ》から有機農家《のうか》へ、雑誌《ざっし》編集者《へんしゅうしゃ》からカフェオーナーへ、自動車会社勤務《きんむ》から小島での町おこしビジネスへ、就職《しゅうしょく》せずに国際貢献《こくさいこうけん》のNGO《エヌジーオー》立ち上げ、大手下着メーカー勤務《きんむ》から手染《ぞ》め職人《しょくにん》へ……。

「勤《つと》めない」という生き方を選《えら》んだ13人の姿《すがた》から、「働《はたら》くことの意味と価値《かち》」が見えてくるでしょう。

メディアやジャーナリズムについて考えるための本

世界を信《しん》じるためのメソッド
—ぼくらの時代のメディア・リテラシー

森 達也 著／イースト・プレス／ 154p

松本《まつもと》サリン事件《じけん》の犯人報道《はんにんほうどう》や湾岸戦《わんがんせん》争時《そうじ》の油まみれの水鳥など、メディアは何度もあやまった報道《ほうどう》をくり返してきたことを著者《ちょしゃ》は伝《つた》えています。それをふまえて、わたしたちはメディアとどのようにつきあえばいいのか。著者《ちょしゃ》自身の経験《けいけん》にもとづいた実践的《じっせんてき》なメディア・リテラシー論《ろん》です。

世界を変《か》えた100日
—写真がとらえた歴史《れきし》の瞬間《しゅんかん》

ニック・ヤップ 著 ／日経ナショナルジオグラフィック社／ 316p

キング牧師《ぼくし》の演説《えんぜつ》、人類初《じんるいはつ》の月面着《ちゃく》陸《りく》、ベルリンの壁崩壊《かべほうかい》など、歴史的《れきしてき》大事件《だいじけん》の瞬間《しゅんかん》をとらえた報道《ほうどう》写真集。写真の登場は、ジャーナリズムや報《ほう》道《どう》のかたちを大きく変《か》えました。この写真集をめくりながら、現代《げんだい》の歴《れき》史《し》を自分の目で感じ取ってみてください。それがジャーナリズムの力を知る第一歩です。

さくいん

監修　神保哲生
取材・執筆　北川直実
澁川祐子
成松一郎
星野恭子
斎藤哲也
イラスト　森 華代、尾沢とし和
キャラクター　森 華代
校正・校閲　長谷川健勇
図版制作　アート工房
撮影協力　梅田直子
デザイン　諸橋 藍（有限会社釣巻デザイン室）
編集　村上 文（有限会社読書工房）

［写真提供・取材協力］（順不同・敬称略）
横浜市立いちょう小学校、神奈川県立地球市民かながわプラザ、多文化まちづくり工房、早川秀樹、大岡栄美、溝上智恵子、株式会社ぐあんばーる、ジェロ、株式会社コウケンテツの事務所、コウケンテツ、株式会社キャスト・プラス、小島慶子、平田俊明、“共生社会をつくる” セクシュアル・マイノリティ支援全国ネットワーク、上川あや、大澤啓徳、石川大我、高橋成、レインボーマーチ札幌実行委員会、米沢心、学校法人明晴学園、玉田さとみ、特定非営利活動法人バイリンガル・バイカルチュラルろう教育センター、長谷川貞夫、Neccoカフェ（一般社団法人発達・精神サポートネットワーク）、金子磨矢子、日本障害フォーラム、財団法人日本障害者スポーツ協会日本パラリンピック委員会事務局、特定非営利活動法人日本ワールドゲームズ協会、特定非営利活動法人日本フライングディスク協会、石井哲、株式会社W-STAGE、土田和歌子、越智貴雄（カンパラプレス）、高橋明、日本理化学工業株式会社、大山泰弘、坂本光司、マルヤガーデンズ（株式会社丸屋本社）、特定非営利活動法人麻姑の手村、特定非営利活動法人くすの木自然館、山崎亮、津田大介、特定非営利活動法人エフエムわいわい、神保哲生

［参考資料］
『移民のまちで暮らす　―カナダ マルチカルチュラリズムの試み』（篠原ちえみ・著／社会評論社）
『国際移民の時代　第4版』（S. カースルズ、M.J. ミラー・著／関根政美、関根薫・監訳／名古屋大学出版会）
『よくわかる国際移民　―グローバル化の人間的側面』（ブライアン・キーリー・著／OECD・編／濱田久美子・訳／明石書店）
『障害者の権利条約でこう変わる Q&A』（東俊弘・監修／DPI日本会議・編／解放出版社）
『障害者とスポーツ』（高橋明・著／岩波書店）
『障害者《アダプテッド》スポーツの世界　―アダプテッド・スポーツとは何か』（藤田紀昭・著／角川学芸出版）
『仕事と日本人』（武田晴人・著／筑摩書房）
『ダメ情報の見分けかた　―メディアと幸福につきあうために』（荻上チキ、飯田泰之、鈴木謙介・著／NHK出版）

［表紙写真提供］
表：アマナイメージズ、裏：学校法人明晴学園
［扉写真提供］
横浜市立いちょう小学校（撮影：かさこ）

NDC369
監修　神保哲生
ユニバーサルデザイン 第2期
―つながる・ささえあう社会へ―
①多様性を大切にするユニバーサルデザイン
あかね書房　2021　47p　31×22 cm

1
ユニバーサルデザイン〈第2期〉
つながる・ささえあう社会へ
多《た》様《よう》性《せい》を大切にする
ユニバーサルデザイン

監　修　神保哲生（じんぼう・てつお）
発　行　2012年４月　初　版
2021年11月　第７刷
発行人　岡本光晴
発行所　株式会社あかね書房
〒101-0065
東京都千代田区西神田3-2-1
電話：03-3263-0641（営業）
03-3263-0644（編集）
http://www.akaneshobo.co.jp
印刷所　吉原印刷株式会社
製本所　株式会社難波製本

ISBN978-4-251-09394-3　C8336

この本に掲載されているデータは、2011年11月現在のものです。

ユニバーサルデザイン〈第2期〉

つながる・ささえあう社会へ

全3巻

[監修] 神保哲生（ビデオジャーナリスト）　対象：小学校高学年～中学生

政治《せいじ》・経済《けいざい》、文化などさまざまな分野において、従来《じゅうらい》の国や地域《ちいき》というわくをこえて、地球規模《きぼ》で資本《しほん》や情報《じょうほう》のやりとりが行われる現代《げんだい》。文化や世代のちがい、障害《しょうがい》のあるなし、少数派《しょうすうは》・多数派《たすうは》など、それぞれがおたがいの立場を尊重《そんちょう》しあい、受けいれていけるような社会づくりが求められています。
このシリーズは、「多様性《たようせい》」「持続可能《じぞくかのう》」「災害《さいがい》」をテーマに、社会環境《かんきょう》がどのようにデザインされていけばよいのかを、いっしょに考える学習図鑑《ずかん》です。

1 多様性《たようせい》を大切にする ユニバーサルデザイン

さまざまな文化をもつ人たちや障害《しょうがい》のある人など、それぞれ立場のちがう人びとが、ほこりをもって自分らしく生きていける社会について考えます。〈性《せい》〉〈スポーツ〉〈働《はたら》く〉〈メディアとジャーナリズム〉といった多様な視点《してん》から、社会や組織《そしき》で認《みと》めあい、ささえあう大切さを提示《ていじ》していきます。

2 持続可能《じぞくかのう》な社会をつくる ユニバーサルデザイン

現在《げんざい》地球上には、環境破壊《かんきょうはかい》をはじめ、貧困《ひんこん》、紛争《ふんそう》、エネルギー問題など、できるだけ早く真剣《しんけん》に取り組まなくてはならない課題《かだい》がたくさんあります。世界の人びととの関係《かんけい》と調和を考えながら、地球の未来《みらい》を次の世代につなげていくために、わたしたちはどのような社会をつくっていけばよいのか、いっしょに考えていきます。

3 災害《さいがい》から学ぶ ユニバーサルデザイン

日本は、1年を通してさまざまな自然災害《しぜんさいがい》を受けやすい国土です。2011年に起きた東日本大震災《ひがしにほんだいしんさい》の取材《しゅざい》を中心に、今まで発生した国内外の災害《さいがい》の教訓《きょうくん》をふまえ、災害《さいがい》に強い社会づくりについて、さまざまな角度から考えていきます。将来《しょうらい》の災害《さいがい》に備《そな》えた防災対策《ぼうさいたいさく》、災害時《さいがいじ》・災害後《さいがいご》の助けあいのあり方、情報提供《じょうほうていきょう》の具体的《ぐたいてき》な方法などについて紹介《しょうかい》します。